KB090425

토익은 스킬이다

영단기 게임토익 최진혁 강사의

토익문법
기출패턴
20일 완성

최진혁(게임토익) 저

ß (주)백산출판사

머리말

신토익이 시행된 2016년 5월부터 벌써 4년이라는 시간이 지났습니다. 이전에는 볼 수 없던 문장 넣기, 삼중지문, 도표/그래프 문제 등 여러 가지가 바뀌었지만, 시간이 지나고 또 한번 시험이 변경되더라도 바뀌지 않는 한 가지는 기초 문법입니다.

하지만 이 문법도 토익시험에만 출제되는 유형과 특유의 패턴들이 존재합니다. 따라서 본 교재에서는 시험에 나오는 문법들만 골라 정리하고, 기출의 패턴들을 각 유형별로 정리하여, 기초실력의 수험생들도 20일 만에 토익문법을 끝낼 수 있도록 구성했습니다.

저자는 현재 영단기어학원 강남캠퍼스에서 게임토익이라는 이름으로 강의를 하고 있으며, 지난 10년간의 강의/연구 경력을 바탕으로 최신 출제 포인트와 적중문제, 전략분석 등을 20일 시리즈로 만들었습니다. 수업에서 이미 검증된 방법들이기에 기초 어휘와 함께 이 책으로 학습한다면, 곧 기초에서 탈출할 수 있을 것입니다.

취업, 승진, 이직 등의 이유로 공부하는 것이 토익시험입니다. 하지만 토익만큼은 단기간에 끝내시길 바라는 마음입니다. 혹시, 지난 시절 영어공부를 등한시했던 것을 후회하고 계시나요? 토익 700, 800점만 되면 목표를 이룰 수 있으신

가요? 더 이상은 미루지 마시고, "토익문법 기출패턴 20일 완성"과 함께 시작하세요.

아울러, 본 교재를 완성할 수 있도록 함께 연구에 몰두해 주신 백산출판사 관계자분들에게 감사의 마음을 전합니다.

2020년 5월

저자 최진혁

차례

DAY 01

명사의 형태와 자리

학습목표 토익시험에 나오는 명사의 기본문법과 자리찾기 마스터!

실전적용 파트5에서 단어가 같은 보기의 문제들 중 명사자리 찾기에 도움

(Warming Up) 들어가기 전

◉ 명사의 형태

일반적으로 단어 뒤에 아래의 표와 같은 생김새들은 명사라고 칭한다. 품사문제인 경우 뜻을 몰라도 자리를 찾은 후에 답을 고를 수 있으니, 반드시 먼저 암기하도록 한다.

명사의 후미형태	Example
-ion(-tion, sion)	information(정보), submission(제출)
-ment	development(개발, 발전), department(부서)
-nce	performance(수행능력, 공연), appliance(가전제품)
-ty	ability(능력), community(공동체)
-sis	emphasis(강조), analysis(분석)
-ness	happiness(행복), willingness(기꺼이 하는 마음)
사람명사	사람명사는 어휘학습을 통해 암기

1 ▶ 시험에 나오는 명사자리. 주어자리

파트56에서 문장 맨 앞에 빈칸이 있거나, 접속사 뒤 그리고 동사 앞에 빈칸이 있을 때 주어자리로써 명사문법문제가 출제됩니다.

> 예 101. (   ) of the building is delayed.

- 🔊 패턴: 문장 맨 앞 주어자리. 명사를 답으로 고른다.
- 🔊 주의사항: 명사는 사람/사물명사 혹은 단수/복수명사를 남긴 후에 구별한다.
- 🔊 보기의 예

   a) constructor   b) construction   c) construct   d) constructed

   ⊘ 사람(a: 건축가)과 사물(b: 건설)을 구별. 사람명사단수는 앞에 관사나 소유격이 있어야만 하고, 문장의 해석상 연기되어진(delay) 것은 사물 b)가 알맞다. 참고로, −ed로 끝나는 단어는 동사이거나 준동사이기에 명사로 쓸 수 없다.

   ⊘ 해석: 빌딩의 건설은 연기되었다.

2 ▶ 시험에 나오는 명사자리. 관사 뒤 어딘가에 명사자리

파트56에서 관사 뒤에 블랭크가 있을 때 명사가 위치한다. 다만, "관사 + 형용사 + 명사"인 경우를 조심해야 합니다. 관사는 명사의 전유물이지만 바로 뒤에 위치하기보다는 관사 뒤 어딘가의 끝에 명사로 마무리를 짓고 명사 앞에는 형용사가 위치하는 문제가 자주 출제됩니다.

관사 뒤 명사 기출패턴

> **예** 102-1. The (   ) of the proposal is required.

- 🔊 패턴: 관사 바로 뒤에 명사자리를 고르는 문제이다.
- 🔊 주의사항: 관사는 명사의 전유물이다. 다만, 빈칸 뒤에는 전치사 등으로 막혀 있는 문장구조여야 한다. 다만 이렇게 단순한 "관사 뒤 명사"의 구조보다는 102-2처럼 수식어구가 포함된 명사자리 문제가 자주 출제된다.

> **예** 102-2. The prompt (   ) of the proposal is required.

- 🔊 패턴: 관사 바로 뒤는 아니지만 뒤 어딘가(형용사 뒤)에 명사자리를 고르는 문제로, 관사 바로 뒤에는 형용사가 올 수도 있음에 주의한다.
- 🔊 주의사항: 형용사 + 명사인 구조를 파악해야 한다. 또한, 사람/사물명사 혹은 단수/복수명사를 남긴 후에 구별한다.
- 🔊 보기의 예
  - a) submission   b) submissions   c) submitted   d) submit
  - ⤷ 단수명사와 복수명사를 남긴 후에 구별. 뒤에 동사가 단수동사인 is이기에 단수명사를 고른다. 빈칸은 주어자리로서, 단수와 복수명사를 구별할 때, 주어와 동사의 수일치를 우선으로 한다. c)와 d)는 동사형태로서 명사자리에 올 수 없다.
  - ⤷ 해석: 제안서의 빠른 제출이 요구되어졌다.

3 시험에 나오는 명사자리. 소유격 뒤 어딘가에 명사자리

관사 뒤 명사자리와 마찬가지로, 소유격 역시 바로 뒤보다는 끝에 명사로 마무리되어야 하는 한정사입니다. 소유격 뒤에도 형용사 등이 먼저 올 수 있기 때문입니다.

소유격은 my(나의), his(그의), her(그녀의), their(그들의), our(우리의), its(사물단수의), 's(~의)를 포함하여, "소유격 + own" 역시 소유격으로 분류합니다. 뒤에 모두 명사가 위치한답니다.

- your, my, his, her, our, their, its + (형용사) + 명사
- 's(~의), s'(~들의) + (형용사) + 명사
- 소유격 + (own) + 명사

표현하고자 하는 사람	소유격
나	my, my own + 명사
그, Mr	his, his own + 명사
그녀, Ms	her, her own + 명사
그들, 나를 포함하지 않은 사람복수 혹은 사물복수	their, their own + 명사
우리. 나를 포함한 사람복수	our, our own + 명사
사물단수	its, its own + 명사

소유격 뒤 명사 기출패턴

예 103-1. Tomboy is our (   ) of fresh vegetables.

- 패턴: 형용사 바로 뒤에 명사자리를 고르는 문제이다. 형용사 + 명사인 구조
- 주의사항: 명사자리를 찾은 후에 답을 고를 때에는 사람/사물명사 혹은 단수/복수명사를 남긴 후에 구별하는 것이 가장 중요한 포인트이다. 다만 이렇게 단순한 "형용사 + 명사"의 구조보다는 103-2처럼 수식어구가 포함된 명사자리찾기 문제가 자주 출제된다.

> **예** 103-2. Tomboy is our main (   ) of fresh vegetables.

- 🔊 패턴: 형용사 바로 뒤는 아니지만 뒤 어딘가(형용사 뒤)에 명사자리를 고르는 문제이다. 형용사 + 명사인 구조 역시 조심해야 한다.
- 🔊 주의사항: 명사자리를 찾은 후에 답을 고를 때에는 사람/사물명사 혹은 단수/복수명사를 남긴 후에 구별하는 것이 가장 중요한 포인트이다.
- 🔊 보기의 예

  a) distribution   b) distributor   c) distributed   d) distributing

  - ➡ "소유격 + 형용사 + 명사" 구조형태이다. 사물(a: 유통, 분배)과 사물(b: 유통업체)을 구별. 주어가 사람을 의미하는 회사명이기에 정답은 b) 사람명사가 와야 한다. d)는 동명사로도 쓰일 수 있으나 뒤에 목적어 명사가 없고, 일반명사로는 사용되지 않음에 유의한다.
  - ➡ 해석: Tomboy는 신선한 야채를 취급하는 우리의 주된 공급업체이다.

4 시험에 나오는 명사자리. 목적어자리(전치사, 동사)

목적어자리에 위치하는 명사의 자리는 크게 2가지로 나뉩니다.

1) "전치사의 목적어 = 명사"

> **예** Every manager should submit an expense report **to the HR department.**
> (모든 매니저들은 비용 보고서를 인사부에 보고해야만 한다.)

2) "3형식 능동태 동사의 목적어 = 명사"

> **예** Every manager should **submit an expense report** to the HR department.
> (모든 매니저들은 비용 보고서를 인사부에 보고해야만 한다.)

전치사는 반드시 뒤에 명사를 목적어로 취하는 품사이며, 뒤에서 설명하는 단순전치사와 전치사/접속사/접속부사를 구별하는 문제의 중요한 단서가 됩니다.

동사는 시험에 나오는 문제의 단서가 3형식이 많기에, 능동태 동사형태만 학습해 두면, 동사의 목적어자리를 비교적 쉽게 고를 수 있습니다. 뒤에서 설명하는 능동태와 수동태의 구별에도 중요한 단서가 됩니다.

전치사의 목적어

> **예** 104. The document includes detailed information about appropriate (   ).

- 🔊 패턴: 전치사 바로 뒤는 아니지만 뒤 어딘가(형용사 뒤)에 명사자리를 고르는 문제이다. 형용사 + 명사인 구조 역시 조심해야 하며, 전치사 뒤에는 명사만 자리할 수 있다. 전치사와 접속사(뒤에 문장이 위치)를 구별하는 데 중요한 단서이다.
- 🔊 주의사항: 명사자리를 찾은 후에 답을 고를 때에는 사람/사물명사 혹은 단수/복수명사를 남긴 후에 구별하는 습관을 가져야 한다.
- 🔊 보기의 예

    a) investors   b) investment   c) invest   d) to invest

    - ➡ "전치사 + 형용사 + 명사" 구조의 문제이다. 전치사의 목적어자리로써, 보기 중 사람(a: 투자자)과 사물(b: 투자)을 구별하는 문제. 사람명사 역시 복수로 쓰였기에, 문법적으로는 자리할 수 있다. 따라서 해석으로 구별. 적절한 투자에 관한 정보가 포함된 것이 어울리므로 정답은 사물명사 b)를 고른다. 전치사는 반드시 명사가 목적어로 자리하기 때문에, 동사인 c)와 to부정사인 d)는 삭제한다.

⊙ 해석: 이 문서에는 적절한 투자에 관한 상세설명이 담겨 있습니다.

동사의 목적어

예 105. Intercontinental Hotel is seeking (　　　) in the Accounting Department.

◀ 패턴: 3형식 동사의 능동태 목적어 자리이다. 3형식의 경우 수동태(be + pp)가 아니라면, 반드시 뒤에 동사의 대상인 목적어명사가 자리한다. 따라서 수동태가 아닌 동사 "is seeking(현재진행형) 뒤가 명사자리

◀ 주의사항: 사람명사/사물명사 구별 혹은 단수명사/복수명사 구별

◀ 보기의 예

a) assistants　　　　b) assistance　　　　c) assist　　　　d) assisted

⊙ 능동태 동사 뒤 목적어 명사자리를 묻는 문제. 보기 중 사람(a: 비서)과 사물(b: 도움)을 구별하는 문제이다. 사람명사 역시 복수로 쓰였기에, 문법적 오류는 없다. 따라서 해석으로 구별하는 문제이다. 호텔에서 회계부서에 근무할 직원들을 찾고 있는 것이 어울리기에 정답은 사람명사인 a). 3형식 능동태 동사는 뒤에 명사를 목적어로 갖기 때문에, 보기 중 동사인 c)와 과거동사/과거분사형태인 d)는 삭제한다.

⊙ 해석: Intercontinental Hotel에서는 회계부서에서 근무할 비서들을 찾고 있는 중이다.

memo

DAY

02

대명사의 형태와 자리

학습목표 토익시험에 나오는 대명사의 기본문법과 자리찾기 마스터!

실전적용 파트56에서 출제되는 인칭대명사와 일반대명사 문제 실전적용

(Warming Up) 들어가기 전

● 대명사의 형태

인칭대명사는 앞 문장에서 나온 명사의 성별, 격, 수 등을 맞춰서 표현하는 것이 기본이다. 기본적으로 주어자리에는 주격. 목적어자리(전치사/동사)에는 목적격. 명사 앞에는 소유격 등을 사용한다.

	주격	소유격	목적격	소유대명사	재귀대명사
나	I	my	me	mine	myself
너	you	your	you	yours	yourself
그	he	his	him	his	himself
그녀	she	her	her	hers	herself
그것	it	its	it	–	itself
그들	they	their	them	theirs	themselves
우리	we	our	us	ours	ourselves

1 주격자리

주격은 주어자리에 위치한다.

> 예 Because **Mr. David** is in charge of analyzing survey results, **he** will work overtime tonight. (David는 설문조사 결과들의 분석을 담당하고 있기에, 그는 오늘밤 야간 근무를 할 것이다.)

부사절에 있는 Mr. David라는 3인칭 단수를 주절에서는 he 인칭대명사로 받음

1) 시험에 나오는 인칭대명사. 주격 인칭대명사의 기출유형

> 예 101. Since many applications has been accepted, (   ) will be reviewed soon.

- 패턴: 인칭대명사를 구별하는 문제.
- 주의사항: 앞 문장의 명사를 대신 받는 것이 인칭대명사 문제인 만큼, 앞 문장의 명사의 성별, 수와 격 등을 살펴서 알맞은 대명사를 고르는 것에 주의한다.
- 보기의 예
  a) they   b) their   c) she   d) it
  - 정답: a). 앞 문장의 명사는 applications(지원서들). 사물복수를 받을 수 있는 대명사는 a) they(그들, 그것들)이다. they는 사람복수뿐 아니라 사물복수도 대신 받을 수 있다. d)번의 it(그것)은 사물단수만 대신 받을 수 있다.
  - 해석: 많은 지원서들이 받아졌기에, 곧 그것들은 검토되어질 것이다.

2 ▸ 소유격자리

소유격은 명사 앞에 위치하며, 형용사가 함께 쓰일 경우, "소유격 + 형용사 + 명사" 형태를 가진다.

> 예 **Mr. Blake** is currently preparing **his presentation** about the spending pattern. (Blake씨는 소비 패턴에 관한 그의 프레젠테이션을 지금 준비 중이다.)

Blake는 남자이기에 뒤의 명사(presentation) 앞의 소유격은 his를 쓴다.

2) 시험에 나오는 인칭대명사. 소유격 인칭대명사의 기출유형

> 예 102. Ms. Loen plans to start (　　　) business after receiving a master's degree.

- 🔊 패턴: 인칭대명사를 구별하는 문제
- 🔊 주의사항: 앞 문장 혹은 문장 전체의 다른 명사를 대신 받는 것이 인칭대명사 문제인 만큼, 앞 문장의 명사의 성별, 수와 격 등을 살펴서 알맞은 대명사를 고르는 것에 주의한다. 명사 앞에는 소유격을 쓴다.
- 🔊 보기의 예

  a) they　　　　b) their　　　c) her own　　　d) its

  ➡ 정답: c). 앞 문장의 명사는 Ms. Loen으로 여자 3인칭 단수이다. 뒤에서 다시 대명사로 받을 때 명사 앞에 빈칸이 있다면 소유격을 쓴다. 보기 중에 소유격은 c)와 d). 빈칸 앞의 Ms. Loen을 대신 받는 인칭대명사 형태이기에, 답은 c)를 고른다. 소유격 + own형태 역시 소유격과 동일하다는 것을 암기해 둔다.
  d)번의 its는 사물단수의 소유격이다.

  ➡ 해석: Loen씨는 석사학위를 받고 난 이후에 그녀만의 사업을 시작할 준비를 하고 있다.

➡ 소유격의 또 다른 형태

소유격을 답으로 고르는 문제에 일반적인 소유격 형태가 없다면, 보기 중 "소유격 + own" 형태를 대체 답변으로 고른다. own은 "~가 소유한"이라는 뜻으로써, 문장의 뜻을 조금 더 명확하게 한정시켜 주는 역할을 한다.

> **예** his(그의~) = his own(그가 소유한)

3 ▶ 목적격자리

목적격은 동사의 목적어 혹은 전치사의 목적어로 위치한다.

> **예** Although the **journalists** wrote the articles, the edit will not conducted by **them**. (저널리스트들이 기사들을 작성했지만, 편집은 그들에 의해서 수행되지는 않을 것이다.)

앞 문장의 명사는 사람복수(journalists)와 사물복수(articles)
주절의 문장에서 전치사 뒤의 의미는 사람이어야 하므로 사람복수 목적격 them을 사용

3) 시험에 나오는 인칭대명사. 목적격 인칭대명사의 기출유형

> **예** 103. Once you receive the receipt, please be sure to store (   ) for proof of your purchase.

🔊 패턴: 인칭대명사를 구별하는 문제
🔊 주의사항: 앞 문장의 명사를 대신 받는 것이 인칭대명사 문제인 만큼, 앞 문장의 명

사의 성별, 수와 격 등을 살펴서 알맞은 대명사를 고르는 것에 주의한다. 목적격은 동사 혹은 전치사 뒤에 위치한다.

◉ 보기의 예

　a) him　　　b) her　　c) it　　d) them

　➔ 정답: c). 앞 문장의 명사는 you와 사물단수인 receipt(영수증). 뒤에서 다시 대명사로 받을 때 동사나 전치사 뒤에 목적어자리라면 목적격을 사용한다. 보기 중 목적격은 c)와 d). 해석상 사물을 저장하다(store)의 의미가 어울리므로, 사물 단수의 목적격인 c)를 답으로 고른다. d)의 'them'은 사람/사물 모두 목적격으로 받을 수 있음에 주의한다.

　➔ 해석: 영수증을 받으시면, 고객님의 구매 증거를 위하여 그것을 보관해 두세요.

🢂 주격, 소유격, 목적격 구별 TIP

기초들은 주격, 소유격보다 목적격을 구별하는 문제를 어려워한다. 보기 중 인칭대명사가 있다면, 각각의 특징을 기억하여, 삭제/소거법을 이용한다. 예를 들어 예문처럼 빈칸 뒤가 막혀 있다면, 목적격을 쉽게 답으로 고르지는 못할지라도, 주격(＋동사), 소유격(＋명사) 형태는 오답이라는 것을 알 수 있다. 목적격은 동사 혹은 전치사 뒤에 자리한다.

> **예** According to the policy, all managers should submit (　　　　) to the Accounting department by Friday.

a) they　　　　　　　　　　b) their

c) their own　　　　　　　　d) them

－ 주격인 a)와 소유격인 b), c)는 빈칸 뒤가 막혀 있으므로 오답이다.

4 소유대명사 자리

소유대명사는 "~의 것"으로 해석하며, 앞 문장의 사람과 사물을 한 번에 대명사로 받는
특징이 있다.

> **예** **My laptop** is outdated, but **yours** is state-of-the-art. (나의 컴퓨터는 구식이지만,
> 너의 것은 최신식이다.)

앞 문장의 명사는 laptop. 사람은 나(my).
이 두 가지를 뒤에서 한 번에 받으면 너의 것(yours)으로 소유대명사를 쓴다.

4) 시험에 나오는 인칭대명사. 소유대명사의 기출유형

> **예** 104. Whereas other managers finished the expense report, Ms. Dorren has
> not yet to complete (   ).

◉ 패턴: 인칭대명사를 구별하는 문제
◉ 주의사항: 앞 문장의 명사를 대신 받는 것이 인칭대명사 문제인 만큼, 앞 문장의 명
사의 성별, 수와 격 등을 살펴서 알맞은 대명사를 고르는 것에 주의한다. 소유대명
사는 앞 문장의 사람과 명사를 한 번에 받으며, "소유격+s" 형태로 표기합니다.
◉ 보기의 예
   a) it   b) hers   c) them   d) their
   ➡ 정답: b). 앞 문장의 명사는 사람주어인 other managers와 사물단수인 목적어
      report. 뒤에서 다시 대명사로 받을 때 의미가 "그녀의 리포트"라는 뜻이 와야 하
      므로, 정답은 b) "그녀의 것"을 고른다. 소유대명사는 소유격 후미에 s를 붙인다.
   ➡ 해석: 다른 매니저들은 비용보고서를 마무리 지었지만, Dorren씨는 아직 그녀의
      것을 끝마치지 못했다.

5 재귀대명사 자리

재귀대명사는 −self(−selves)로 표기하며, "스스로, 혼자 힘으로"의 뜻을 가진다.
아래와 같은 3가지 기본 용법이 있다.

− 재귀적 용법: 주어와 같은 목적어자리에 목적격 대신 재귀대명사

> 예 You should love ~~you~~ yourself. (당신은 당신 스스로를 사랑해야 합니다.)

− 전치사와 함께 숙어 표현: "스스로, 혼자 힘으로"

> 예 by oneself, for oneself

− 강조의 부사적인 용법: 완전한 문장 사이 재귀대명사

> 예 He sold the items himself. (그는 그 제품들을 직접 판매했다.)

완전한 문장 사이. 특히 명사 뒤에서 부사적인 용법으로 강조의 재귀대명사의 쓰임

5) 시험에 나오는 인칭대명사. 재귀대명사의 기출유형

> 예 105. Mr. Fredericks handle clients' inquiries about the damaged items (   ).

🔊 패턴: 인칭대명사를 구별하는 문제
🔊 주의사항: 앞 문장의 명사를 대신 받는 것이 인칭대명사 문제인 만큼, 앞 문장의 명사의 성별, 수와 격 등을 살펴서 알맞은 대명사를 고르는 것에 주의한다. 완전한 문장 사이 그중에서도 명사 뒤에는 부사적인 용법의 재귀대명사를 답으로 고른다.

🔊 보기의 예

a) himself 　　 b) her 　　 c) itself 　　 d) them

➡️ 정답: a). 완전한 문장 사이에는 부사적 용법인 –self를 답으로 고른다. 주어는 Mr. 3인칭 단수 남자이기에 정답은 a)를 고른다.

➡️ 해석: Fredericks는 불량품에 관한 질문들을 직접 담당하여 처리하고 있다.

실전기출분석 파트56

학습목표 DAY 1. 명사편과 DAY 2. 대명사편을 공부하고 나서 명사와 대명사의 문법 및 어휘 실제 기출패턴 문제들을 학습한다.

01

> Panam Patent's researchers have several (   ) regarding intellectual property.

a) certificates   b) certification

c) certified   d) certifying

02

> Counting on their (   ) to the questionaries, we will select the right person among applicants.

a) answer   b) answers

c) answered   d) answering

03

> Please indicate your (   ) on the menu in order to avoid the foods you dislike.

a) prefer   b) prefers

c) preferred   d) preference

04

Flink Mart always offer shoppers the freshest vegetables owing to do-ing business with local (   ).

a) distribute   b) distributed

c) distribution   d) distributors

05

Mr. Freeman will participate in the annual awards banquet with (   ) colleagues.

a) he   b) his

c) him   d) himself

06

The panel for 21th trend economy discussion includes (   ) from Asia's global mobile companies.

a) represent   b) representatives

c) represented   d) representation

07

Ms. Cellina's revised marketing (   ) is by far the most practical method among all documents.

a) propose   b) proposes

c) proposed   d) proposal

08

Please read the enclosed list of (   ) carefully to ensure that you have essential factors for this loan application.

a) require   b) required

c) requirement   d) requirements

09

We appreciate all Crieteria Instruments sales people, whose considerable (   ) has led to 30 percent increase in last quarter.

a) effort   b) efforts

c) efforted   d) efforting

10

T&I Law Fim employees should ask a help from technicians instead of installing the new software on their computers (   ).

a) they   b) their

c) them   d) themselves

11

The analysts submitted statistics about our last sales figures with (   ) on major improvements.

a) emphasize

b) emphasized

c) emphasis

d) emphatic

12

Thanks largely to main producer Brave Brothers, the first (   ) of Trivia's new single project is successfully completed.

a) phase

b) phases

c) phased

d) is phased

13

According to the recent survey, Garcia Bistro earned a good reputation due to the (   ) of its new chef, Tyson Badell.

a) leader

b) leadership

c) leads

d) leading

14

Corum Delivery has accepted numerous (   ) by national custom-ers owing to its improper packaging for fragile items.

a) complain

b) complains

c) complaint

d) complaints

15

As of next moth, Theme Business Weekly has a plan to introduce new subscription packages by (   ) a online forum.

a) add

b) adding

c) addition

d) added

16

> Ramon Grocery is developing its own farm so that it is being the main
> (   ) of local fresh meats in Cherville.

a) distribute

b) distribution

c) distributor

d) distributed

17

> If you want to get a more detailed and proper (   ) for device
> failure, please refer to the attached K7 Mobile's booklet.

a) solve

b) solved

c) solutional

d) solution

18

> Until co-workers filled out an evaluation form completely, Ms. Hortom
> still revised (   ).

a) her

b) hers

c) herself

d) those

19

> Madison Daily's manager advised that editorial department's employees
> check the (   ) of all contents in May issue.

a) spell

b) spelling

c) spelled

d) spells

20

> According to the (   ) at New-York, the economic recession may deepen still further in the world.

a) correspond

b) correspondent

c) correspondence

d) to correspond

21

> With Gold Gym's 7-day trial coupon, you can get the (   ) to take a free-lesson by our personal training system

a) opportunity

b) advice

c) recommendation

d) voucher

22

> The Chronos Resort is an popular place for the summer vacation due to the (   ) to Je-Ju's Handam sea.

a) reduction

b) location

c) proximity

d) courtesy

23

> William Holdings's spokesperson announced yesterday that stock-holders expressed interest about the (   ) with Crimson Import.

a) acquisition

b) merger

c) purchase

d) commission

24

All vacuum-packed foods should be stored frozen in order to avoid (   ).

a) congestion

b) disruption

c) spoilage

d) consequence

25

Only those with patron's voucher can join the clearance sale because of the (   ) of discounted items.

a) proposition

b) measure

c) objection

d) limitation

26

Further restructuring is already under way in an (   ) to cut operating costs.

a) attempt

b) supplement

c) renovation

d) frequency

27

The (   ) of this recycling policy is to reduce environmental pollution.

a) discussion

b) guide

c) reminder

d) aim

28

At ST Unitas, new employees who finished the 60- day probationary period are eligible to apply for a (   ) of positions at the head quarter.

a) variety

b) length

c) partnership

d) influence

29

Since the National Library has approximately 100,000 history books' (   ), many scholars visited here throughout the year.

a) specimens

b) authors

c) periodicals

d) publishings

30

In recent years, Yellow Department Store has undergone a significant (   ) to expand its display space.

a) dependence

b) estimation

c) provision

d) transformation

파트6 그냥 대충 풀지 마세요

문제풀이 전략

1단계: 맥락파악이 우선입니다.

파트6는 Mini 파트7입니다. 단순 문법/어휘문제처럼 푸는 파트5와 달리, 파트6의 시작은 지문의 맥락파악입니다. 글을 쓴 사람과 읽는 사람의 정보, 그리고 주제키워드를 찾는 것을 맥락파악이라고 합니다.

🔈 맥락파악은? 1번 문제를 풀기 전에, 혹은 문제를 풀면서...

1) 글을 쓴 사람?
2) 글을 읽는 사람?
3) 주제키워드(+ 제목)?

2단계: 앞/뒤 문장을 통해 개연성 찾기

파트6는 한 문장만을 보면서 푸는 문제가 아닙니다. 물론, 파트7처럼 문맥의 흐름을 파악하며 해석하는 것이 문제풀이의 기본입니다. 그러한 독해지문 사이에 빈칸을 두고 알맞은 단어를 고르는 것이 파트6의 문제입니다. 앞/뒤 문장 그리고 문맥의 맥락을 통해서 개연성을 찾는 것이 중요합니다.

🔈 앞/뒤 문장 개연성 찾기?
파트6의 어휘문제와 동사/시제문제에 적용

3단계: 신유형 "문장 넣기"는 삭제/소거

파트6의 신유형 문장 넣기는 각 지문에 1문제씩 출제됩니다. 기초문법과 어휘를 끝낸

뒤 풀기에는 가장 어려운 문제처럼 느껴지시죠? 이 문제의 정답은 지나치게 세부적으로 나오는 반면, 오답보기는 흐름상 어울리지 않는 것을 쉽게 걸러낼 수 있는 특징이 존재합니다. 그래서 이러한 문제는 정답을 고른다기보다, 어울리지 않는 보기를 삭제하며, 정답에 접근하는 것이 필요합니다.

◀ 먼저... 맥락파악부터 해보세요.

1) 글을 쓴 사람?
2) 글을 읽는 사람?
3) 주제키워드(+제목)?

찾으셨나요? 그 후에 문장 앞/뒤를 보며 개연성을 찾아가면서 답을 골라보세요.

Antonio Corn
Denver Grill
349 Newest Street

Dear Mr. Corn

Hi. Corn. I'm pleased to announce that you have been 31. (   ) to receive the Best Dish of The Year award by World Restaurant Magazine 2 years in a row. You will 32. (   ) 10.000$ in prize money with a trophy. Perhaps you can come and pick up your prize at our main office.

Among restaurants in Denver, your business was one of the top in customer satisfaction. 33. (   ), the evaluation stated that Denver Grill is keen on developing new menus for local residents varying from teenagers to the elderly. 34. (In particular, you score highly in this section.)

I hope to see more of your work.
Congratulations!

Chris Austin
Chief Editor
The World Restaurant Magazine

31 a) selected   b) nominated

c) offered   d) advised

32 a) receive   b) be received

c) has received   d) receives

33   a) However   b) Thus

      c) While   d) Furthermore

34   a) In particular, you score highly in this section.

      b) Please read the terms and conditions before signing this agreement.

      c) The article regarding this section will be included in May issue.

      d) Your main chef has been nominated for Best Chef of the Year.

해설

01 • 정답: A)
   • 해석: Panam Patent의 연구진들은 지적재산권에 관한 여러 개의 자격증들을 소지하고 있다.
   • 생각의 단계: have동사의 목적어자리로서의 명사자리 고르기. A)와 B)를 남긴 후에 구별한다. 수량형용사인 several(여러 개의) 뒤에는 가산복수명사가 와야 한다. 따라서 정답은 A)
   • 기초들의 실수: -tion으로 끝나는 명사를 무조건 고르는 실수 좀 하지 말아요. A)도 명사예요. 단어 좀 외웁시다.
   • researcher: 연구진, 연구원. regarding: ~에 관한. intellectual property: 지적재산권. certificate: 자격증. certification: 자격, 보증

02 • 정답: B)
   • 해석: 설문지의 답변에 따라, 여러 지원자들 중 적임자를 찾을 것이다.
   • 생각의 단계: 소유격 뒤에 명사를 고르는 자리. 단수명사인 A)와 복수명사인 B)를 남긴 후에 구별한다. 설문지의 질문이 한 개만 존재할 리 없기에, 정답은 B)
   • 기초들의 실수: 모두 동사 같나요? 그렇다고 답 고르지 않을 거예요? 일단 동사형태부터 지우면서 삭제/소거법으로 접근을 시작해 봅시다. 어찌 되었건 답은 골라야 하니까요.
   • questionaries: 설문지, 질문. right person: 적임자. among: (셋 이상) 사이에

03 • 정답: D)
   • 생각의 단계: 소유격 뒤에 명사를 고르는 자리. -nce로 끝나는 사물명사 하나만 존재. 따라서 정답은 D)
   • 기초들의 실수: A)나 B)가 명사처럼 보인다면, 우선 D)번의 -nce로 끝나는 명사가 존재하기에 우선권을 D)에게 주세요. 그렇다면, C)는 -ed가 붙은 동사형태 아니겠어요?
   • preference: 선호도. avoid: 피하다, 회피하다. dislike: 싫어하다

04 • 정답: D)
   • 생각의 단계: 동명사인 using의 목적어 명사자리 고르기. 사물명사인 C)와 사람명사인 D)를 남긴 후에 구별. 사업을 하는(doing business) 대상은 사람/회사가 어울리므로 정답은 D)
   • 기초들의 실수: 명사자리라면 -tion을 기필코 찍어버리는 습관을 좀 버리자고요. 명사자리? 이러면 "사람명사vs사물명사 혹은 단수명사vs복수명사" 남기기!!! 잊지 말자고요.
   • owing to: 때문에, ~이므로. doing business: 거래를 하다, 사업을 하다. distribution: 유통, 분배. distributor: 유통업체

5 • 정답: B)
- 생각의 단계: 전치사(with)의 목적어인 명사(colleagues)의 앞자리인 소유격자리. 명사 앞에 소유격자리. 따라서 정답은 B)
- 기초들의 실수: 전치사의 목적어가 명사라는 것은 전치사 바로 뒤에 명사가 온다는 뜻이 아니에요. 저기 뒤 어딘가 끝부분에 명사가 있다라는 사실. 혹시 colleague라는 단어 모르실까봐
- participate in: 참가하다, 참여하다. award banquet: 시상식, 연회. colleague: 동료

6 • 정답: B)
- 생각의 단계: 능동태 타동사(include)의 목적어로서의 명사자리 고르기. 보기에서 명사는 사람명사 B)와 사물명사D)를 남긴 후에 구별. 주어인 Panel이 사람이기에 다른 회사들로부터의 영업사원(representative)이 포함되는 것이 어울린다. 따라서 정답은 B)
- 기초들의 실수: 명사자리라고 생각하면 무조건 -tion을 찍는 당신. 제발 어휘 좀 외워요, 우리. B)번이 사람명사인 것도 모르시면 정말 큰일난 거예요, 지금
- panel: 토론자들, 심사위원단. representative: 영업사원, 사원. representation: 표시, 표현

7 • 정답: D)
- 해석: Cellina의 수정된 마케팅 제안서는 모든 지원서들 중에서 가장 돋보이는 실용적 방법론이다.
- 생각의 단계: 소유격 뒤 그리고 주어로서의 명사자리 고르기. 보기에서 명사는 -al로 끝나는 명사인 D)
- 기초들의 실수: 블랭크 뒤에 is라는 동사 덕에 주어명사라는 것은 알지만, 덥썩 a)라는 동사형태의 오답보기로 함정에 빠져버리는 경우를 조심하자고요. 콩글리시 표현 중에 이런 게 있어요. "나 오늘 프로포즈 받았어".
- revised: 수정되어진. proposal: 제안, 제안서. by far: 단연코(최상급 앞에 쓰이는 부사), practical: 실용적인

8 • 정답: D)
- 해석: 대출신청을 위한 중요자격들을 가졌는지 확실하게 알기 위하여 첨부되어진 자격요건들의 리스트를 꼼꼼하게 읽어보세요.
- 생각의 단계: 전치사의 목적어로써의 명사자리 고르기. 보기에서 단수명사인 C)와 복수명사인 D)를 남긴 후에 구별한다. "A of B"는 "B의 A"로 해석하기에, 여러 자격들을 설명한 리스트라는 것을 알 수 있다. 따라서 정답은 복수명사인 D)
- 기초들의 실수: 앞의 동사인 is만보고 단수명사 C)를 고르지 않을까 걱정되네요. 사물명사는 가산명사로 생각하면 됩니다. 만약 불가산이었다면, D)처럼 표현하지 못한답니다. 토익에서는 문법에 어긋나는 표현을 보기에 쓰지 않거든요. 해석상으로도 복수명사가 들어갈 자리이지만, 가산명사의 경

우 문제에서 단수의 단서(예: a, an 등)가 없다면, 사물명사는 복수명사가 답일 가능성이 많아요.

- ensure: 확실하게 하다. essential: 필수적인. loan: 대출. application: 지원, 지원서

09 · 정답: A)

- 해석: 우리는 지난 분기에 엄청난 노력으로 30퍼센트 영업신장에 기여한 Crieteria Instruments의 영업사원들에게 감사의 마음을 전합니다.
- 생각의 단계: 소유격관계대명사 Whose 뒤의 명사자리(whose+명사). 보기에서 명사는 단수명사인 A)와 복수명사인 B)를 남긴 후에 구별. 뒤의 동사가 단수동사인 has이므로 단수명사인 A)가 정답
- 기초들의 실수: 동사 겸 명사의 어휘를 암기하지 않았다면, 괜히 동명사를 건드리다가 오답으로 빠지는 문제랍니다. -ing로 끝나는 동명사는 뒤의 목적어가 붙는다는 사실. 기억해 주세요.
- considerable: 상당한. lead to: ~로 이끌다. quarter: 분기

10 · 정답: D)

- 해석: T&I 법률회사의 사원들은 컴퓨터에 새로운 소프트웨어를 직접 설치하는 대신 기술자들에게 도움을 요청하셔야 합니다.
- 생각의 단계: 보기는 인칭대명사. 완전한 문장 뒤에 부사적인 용법으로 쓰이는 인칭대명사는 재귀대명사. 따라서 정답은 D)
- 기초들의 실수: 답이 안 보여요. 그럴 때는 당황하지 마시고, A)주격은 뒤에 동사가 없으니 삭제. B)소유격은 뒤에 명사가 없으니 삭제. 이런 식으로 삭제/소거로 하나씩 접근해 보세요.
- instead of: ~대신에

11 · 정답: c)

- 해석: 분석가들은 주요 개선사항들을 강조하면서 작년 판매량에 관한 통계표를 제출했다.
- 생각의 단계: 전치사의 목적어로서의 명사자리 고르기. 보기에서 명사는 -sis로 끝나는 사물명사뿐이기에 정답은 C)
- analyst: 분석가. submit: 제출하다. emphasis: 강조

12 · 정답: a)

- 해석: 프로듀서인 Brave Brothers 덕택에, Trivia의 새로운 싱글 프로젝트의 첫 번째 단계가 성공적으로 마무리되었습니다.
- 생각의 단계: 주어자리이자 관사 the 뒤 명사자리 고르기. 보기에서 명사는 단수명사인 a)와 복수명사인 b)를 남긴 후에 구별. 문장의 동사가 단수동사(is)이기에 정답은 a)
- 기초들의 실수: 동사문제로 생각하는 경우가 많죠. C)나 D)를 보고 동사문제로 인식해서 수동태동사

D)를 고르지 않도록 주의하세요. 단어가 똑같은 문제는 품사문제일 뿐이기에, 먼저 품사의 자리를 찾은 후에 답을 골라야 합니다.

- phase: 단계, 면

13 • 정답: b)

- 해석: 최근 설문조사에 따르면, Garcia Bistro는 새로운 셰프인 타이슨 바델씨의 리더십 때문인지 좋은 평판을 받았다.
- 생각의 단계: 관사 뒤 명사자리이자 전치사(due to)의 목적어로서의 명사자리 고르기. 사람명사인 A)와 사물(추상)명사인 B)를 남긴 후에 구별. "A of B"는 "B의 A"로 해석되기에 "새로운 셰프의 리더십"이라는 말이 어울린다. 따라서 정답은 B)
- 기초들의 실수: 명사자리만을 보고 무조건 A)를 고르는 실수를 조심하세요. 토익에서의 명사문법문제는 자리는 단순하되 답의 후보는 여러 개인 문제가 자주 출제된답니다.
- according to: (내용)~에 따르면. reputation: 평판

14 • 정답: D)

- 해석: 깨지기 쉬운 물품들에 부적절한 포장으로 배송한 Corum Delivery는 국내 고객들로부터 많은 불평/불만을 받아왔다.
- 생각의 단계: 타동사 능동태(have accepted)의 목적어자리이자 수량형용사인 numerous 뒤 명사자리 고르기. 보기에서 단수명사인 C)와 복수명사인 D)를 남긴 후에 구별. 수량형용사인 numerous는 "여러 개의"의 뜻을 갖고 뒤에 가산명사 복수가 자리하게 되므로 정답은 D)
- 생각의 단계: 동사와 명사의 형태가 헷갈리는 대표적인 단어예요. 우리가 평상시에 대화할 때 "오늘 고객으로부터 컴플레인 받았어"라고 말하잖아요. 그때 발음이 실제 영어에서는 동사인 complain이에요. 그러니까 그동안 콩글리시로 잘못 사용하고 있었던 거죠. 명사는 complaint입니다.
- numerous: 여러 개의. improper: 부적절한. packaging: 포장

15 • 정답: B)

- 해석: 다음달부터, Theme Business Weekly는 온라인포럼 서비스를 추가하여 새로운 구독패키지를 선보일 계획이다.
- 생각의 단계: 전치사 뒤 명사자리 고르기. 블랭크 뒤에 목적어가 있기에 동명사를 고른다. 따라서 정답은 B)
- 기초들의 실수: 형용사로 오인할 수 있는 자리입니다. 만약 블랭크가 형용사가 되려면, 블랭크 뒤에 관사(a)는 없어야겠죠? 예를 들어 "by (형용사) online forum" 이러한 형태가 아니기에 형용사자리가 아니라는 거죠. "전치사 + 동명사-ing + 관사/소유격 명사" 형태의 공식을 암기해 두세요.
- as of: ~부로, ~부터 시작하여. plan to부정사(+동사원형): ~할 계획. subscription: 구독

16 · 정답: C)

· 해석: Ramon Grocery는 Cherville 지역에서 신선한 고기의 주된 공급업체가 되기 위하여, 그들만의 농장을 개발 중에 있다.

· 생각의 단계: 관사 뒤 명사자리 고르기. 보기에서 명사는 사물명사인 B)와 사람명사인 C)를 남긴 후에 구별. that절 뒤에 구문이 2형식이고, 주어는 it(=Ramon Grocery. 회사이름)이기에 주격보어 명사로서 사람이나 회사를 지칭하는 C)가 정답

· 기초들의 실수: 사람명사와 사물명사를 구별할 때 어떻게 해야 할지 모르겠다고요? 일단 해석을 하는 수밖에 없답니다. 위의 문제의 경우 2형식이라는 것을 이해한다면 구별하는 것이 어렵지 않을 거예요. 2형식 주격보어가 명사인 경우 주어와 동격입니다. 즉, 주어가 회사/사람이니까 주격보어도 사람명사를 고르면 됩니다.

· develop: 개발하다. farm: 농장. distribution: 유통, 분배. distributor: 유통업체

17 · 정답: D)

· 해석: 기기 고장에 대한 더 자세하고 적절한 해결방법을 알고 싶으시다면, 첨부되어진 K7모바일 소책자를 참고해 주세요.

· 생각의 단계: 관사(a) 뒤 그리고 형용사 뒤 명사자리 고르기. 보기에서 명사는 D)뿐이다.

· 기초들의 실수: 물론 "형용사+명사"자리이기는 합니다. 하지만 아직 어휘암기를 많이 하지 못한 기초수험생들의 경우 모르는 형용사어휘가 나올 때 명사자리를 찾지 못할 수도 있습니다. 바로 앞은 아니더라도, 한참 더 앞에 관사(a)가 보이시나요? 어쨌든 관사 뒤 어딘가에 명사는 있어야 한다는 사실. 자리찾기를 할 때에는 조금 더 폭넓게 구문을 보는 연습을 해보세요.

· proper: 적절한. device: 기기. failure: 실패, 고장(주로 기계나 시스템). refer: 참고하다. booklet: 소책자

18 · 정답: B)

· 해석: 동료들이 수행평가양식을 완벽히 작성할 때까지, Hortom씨는 아직까지도 그녀의 것을 수정 중이었다.

· 생각의 단계: 보기는 동사(revise)의 목적어자리. 보기는 대명사이기에 앞 문장에서 대신 받을 만한 명사를 찾는다. 동료들의(co-workers) 양식서(form)를 한 번에 뒤에서 받는 대명사는 소유대명사(누구의 것)이다. 따라서 정답은 B)

· 기초들의 실수: 동사의 목적어 자리에 인칭대명사가 반드시 목적격만 오는 건 아니랍니다. 만약에 목적격으로도 쓰이는 A)를 블랭크에 넣으면, "그녀를 수정했다"라는 의미가 되잖아요. 이상하지 않나요? 어려운 인칭대명사문제를 풀 때에는 삭제/소거법으로 하나씩 정리해 나가는 습관을 가지세요.

· co-worker: 직장동료. fill out: 작성하다. revise: 수정하다

19 • 정답: B)
- 해석: Madison Daily의 매니저는 5월호 모든 콘텐츠의 스펠링을 체크하라고 편집부에 부탁했다.
- 생각의 단계: 관사 뒤 명사자리 고르기. 보기에서 명사는 B)이다.
- 기초들의 실수: -ing로 끝나는 단어들은 대부분 일반명사가 아니라는 생각 때문에, A)나 D)를 명사로 착각하기 쉽습니다. 이것이 바로 토익에 나오는 어휘를 따로 암기해야 하는 이유입니다. -ing로 끝나는 단어들 중에는 동명사가 아닌 일반명사도 있답니다.
- editorial department: 편집부. issue: 호(매거진 등), 이슈거리

20 • 정답: B)
- 해석: 뉴욕 특파원에 따르면, 세계적인 경제침체는 더욱 나빠질 것이라고 한다.
- 생각의 단계: 관사 뒤 명사자리이자 전치사(according to)의 목적어 명사자리 고르기. 보기에서 사람명사인 B)와 사물명사인 C)를 남긴 후에 구별. 해석상 "누군가의 말"이라는 것이 어울리므로 사람명사인 B)를 답으로 고른다.
- correspondent: 특파원, 기자. correspondence: 서신, 교류. recession: 경제위기, 경제침체

21 • 정답: A)
- 해석: Gold Gym의 7일 무료 체험권이 있으므로, 저희 퍼스널 트레이너에 의한 무료수업을 들을 수 있는 기회를 갖게 됩니다.
- 생각의 단계: 동사의 목적어자리 명사 어휘문제. 개연성을 찾는다. 무료사용권으로 인하여 무료레슨을 받을 수 있는 "기회"라는 단어가 어울리며, opportunity to는 to부정사로써 "~할 기회"라는 뜻으로 쓰인다.
- 기초들의 실수: 전체적인 의미를 보면서 단서를 찾지 않으면, 레슨을 통해 충고(advice)나 권고(recommendation)를 받는 것으로 착각하기 쉬워요. 특히 의미가 같은 두 개의 품사어휘가 있다면, 삭제하는 것이 맞겠죠?
- trial: 시도, 시험. opportunity to+동사원형: ~할 기회

22 • 정답: C)
- 해석: Chronos Resort는 제주 한담 바다와 근접해 있기 때문에, 여름 휴가를 위한 휴양지로 인기가 많다.
- 생각의 단계: 전치사의 목적어 명사 어휘문제. 개연성을 찾는다. 주절과 함께 문장 전체를 살펴보면, 여름 휴양지로서 인기가 많은 이유를 물어보고 있기 때문에, 바다와 "근접성"이 어울린다. 따라서 정답은 C)
- 기초들의 실수: 블랭크 주변에 장소가 언급되어 있기에, B)를 고르는 실수가 많아요. 방향전치사 to는 "~어디로 향하다"의 의미를 갖고 있기에, 나머지 단어들은 어울리지 않겠죠?

- reduction: 감소. proximity: 근접, 근접성. courtesy: 예의

23 • 정답: B)
- 해석: William Holdings의 대변인은 주주들이 Crimson Import와의 합병에 대하여 관심을 표명했다고 어제 발표했다.
- 생각의 단계: 관사 뒤 그리고 전치사(about)의 목적어 명사 어휘문제. 개연성을 찾는다. 회사 2개가 나와 인수/합병을 언급하는 문장이므로 A), B) 중에서 구별하는 문제. 동사의 경우 A) acquire(인수하다)는 타동사로서, 뒤에 바로 목적어가 오고, B) merge(합병하다)는 with와 같이 쓰이는 동사이다. 따라서 정답은 B)
- 기초들의 실수: 단어만 기계적으로 암기하셨을 경우, A)와 B)의 차이점을 모르고 찍다시피 문제를 끝낼 수 있음에 주의해야겠죠?
- stockholder: 주주. acquisition: 인수. merger(with): 합병

24 • 정답: C)
- 해석: 모든 진공포장 음식들은 손상(상함)을 피하기 위하여 얼린 채로 보관되어져야 합니다.
- 생각의 단계: 동사(avoid)의 목적어 명사 어휘문제. 음식을 진공포장하고 얼려서 보관해야 하는 이유를 묻는 문제이기에 C)가 정답이다.
- 기초들의 실수: A) congestion은 "혼잡"이라는 뜻으로, 교통상황에 어울리는 단어입니다. 기초분들이 너무 실전 모의고사만 풀다가 정답으로 나왔던 단어를 습관적으로 고르는 실수가 많아요. 이 부분 조심하셔야 합니다. 어휘문제는 개연성 찾기라는 것
- vacuum packed: 진공포장되어진. in order to+동사원형: ~하기 위하여. avoid: 피하다. disruption: 방해. spoilage: 망침, 손상. consequence: 결과, 결말

25 • 정답: D)
- 해석: 할인품목의 개수 제한으로 인하여 단골고객을 위한 할인쿠폰 소지자분께서만 재고정리 세일에 오실 수 있습니다.
- 생각의 단계: 전치사 because of 뒤에 목적어자리로써 명사 어휘문제. 개연성을 찾는다. 재고정리 세일이벤트에 참여할 수 있는 자격을 말하고 있으므로, 이유는 할인제품의 제한된 개수라는 스토리가 어울린다. 따라서 정답은 D)
- patron: 후원자, 단골고객. voucher: 쿠폰. proposition: 비율. objection: 반대

26 • 정답: A)
- 해석: 운영비용을 줄이기 위한 시도로 추가적인 구조조정이 이미 진행 중이다.
- 생각의 단계: 해석보다는 관용적인 숙어 표현으로 인한 명사 어휘문제이다. "in an attempt to+동

사원형"으로 "~를 하기 위한 시도/노력" 따라서 정답은 A)

- restructuring: 구조조정. operating cost: 운영비용. supplement: 보충, 보강

27 • 정답: D)

- 해석: 이 재활용정책의 목적은 환경오염을 줄이는 것이다.

- 생각의 단계: 주어자리 명사 어휘문제. 개연성을 찾는다. 주어자리 명사 어휘문제일 때에는 동사와 목적어 등과의 관계를 파악하는 것이 중요하다. "be to용법"은 회사의 경영이념이나 어떤 목적을 나타낼 때 "목적은 ~하는 것입니다."로 표현하고자 함이다. 따라서 재활용 정책의 목적을 나타내는 문장이기에 정답은 D)를 고른다.

- environmental: 환경의. reminder: 생각나게 하는 메모, 독촉장. aim: 목적, 목표

28 • 정답: A)

- 해석: 60일간의 수습기간을 끝낸 ST Unitas의 신입사원들은 본사의 다양한 자리에 지원할 자격을 얻는다.

- 생각의 단계: "a variety of + 복수명사(다양한 복수명사들)"

- probationary period: 수습기간. be eligible to + 동사원형: ~할 자격이 있다. variety: 다양함, 다양성. length: 길이. influence: 영향, 작용

29 • 정답: A)

- 해석: 국립박물관에는 대략 10만 권의 역사관련 책의 견본들이 있기에, 많은 학자들이 1년 내내 이 곳을 찾는다.

- 생각의 단계: 동사 목적어자리로써의 명사 어휘문제. 개연성을 찾는다. 어휘문제에 부사절접속사나 부사구가 있다면, 강력한 단서로 활용할 수 있다. since(때문에. 이유의 부사절접속사) 뒤의 문장은 주절의 많은 학자들이 찾는 이유를 설명해 주고 있다. 해석상 많은 견본/표본들이 있는 박물관의 콘텐츠능력을 강조하고 있기에, 정답은 A)를 고른다.

- 기초들의 실수: 박물관이나 책이라는 단서만 보고, 저자/작가를 의미하는 B)나 출판물을 의미하는 C), D)를 고르지 않도록 조심해야 해요. 어휘문제에서는 부사절/구와 같은 것을 이용하여 단서를 찾는 것에 주력하면, 생각보다 쉽게 정답에 접근할 수 있을 거예요.

- approximately: 대략, 약(주로 정확한 숫자 앞에 쓰인다). scholar: 학자. specimen: 견본, 표본. author: 저자, 작가. periodicals: 정기간행물

30 • 정답: D)

- 해석: 최근. Yellow Department Store에서는 전시공간의 확장을 위하여 상당한 변화를 겪었다.

- 생각의 단계: 동사(undergo)의 목적어 명사 어휘문제. 개연성을 찾는다. to부정사의 구문이 정답의

단서이다. 전시공간의 확장을 위하여 백화점이 해야 할 것은 공사 혹은 변경 등의 단어가 어울린다. 따라서 정답은 D)

- undergo: (어려움)을 겪다. significant: 상당한. dependence: 의존, 의지. estimate; 견적. provision: 준비, 예비. transformation: 변경, 변화

해석과 맥락파악. 정답과 해설

Antonio Corn

Denver Grill

349 Newest Street

Corn에게

안녕하세요. Corn. 당신이 World Restaurant Magazine에서 선정한 최고의 요리에 2년 연속 선정 되었다는 소식을 알리게 되어 기쁘게 생각합니다. 당신은 트로피와 함께 상금 1만 달러를 받게 될 것 입니다. 이마도 본사로 오셔서 이 상들을 직접 가져가셔야 할 것 같습니다.

덴버에 있는 많은 레스토랑들 중에, 당신의 음식점은 고객만족부분에서 최상위권을 기록하셨고요. 더 군다나, 10대부터 장년층까지 지역 모든 주민들을 위한 신제품 개발에 아낌없는 도전과 투자를 하시 는 것으로 평가받으셨습니다. 특히 이 부분은 아주 높은 점수를 받으셨습니다.

앞으로도 당신의 사업 번창을 기원하며.

다시 한번 축하드립니다.

Chris Austin

Chief Editor

The World Restaurant Magazine

---

1) 글을 쓴 사람? 레스토랑 매거진 에디터

2) 글을 읽는 사람? 매거진 선정 최고 요리사(레스토랑 대표)

3) 주제키워드(+제목)? 매거진 선정 수상자 발표

31 • 정답: A)
• 해설: 문맥의 맥락파악을 해보면(블랭크 뒤 문장), 수상자로 선정되어 상금과 트로피를 받게 된 것임을 알 수 있다. 따라서 정답은 A)
• 기초들의 실수: 시상의 이름을 보고, 수상후보로 선정된 상태를 의미하는 B)를 오답으로 고르지 않도록 조심해야 합니다.

32 • 정답: A)
• 해설: 조동사 will 뒤에 동사원형을 물어보는 단순한 문제. 보기에서 동사원형은 능동태인 A)와 수동태인 B)가 있다. 블랭크 뒤에 상금이라는 목적어가 있기에 능동태인 A)를 답으로 고른다.

33 • 정답: D)
• 해설: 보기는 전치사/접속사/(접속)부사를 구별하는 문제로서, 블랭크 뒤가 쉼표로 막혀 있기에, 문장을 이끄는 부사절접속사인 C)는 삭제한다. 블랭크 전후를 살펴보면, 이 음식점의 장점들을 나열하고 있다는 것을 알 수 있다. 추가적인 정보를 제공할 때 쓰이는 접속부사인 D)를 답으로 고른다.

34 • 정답: A)
• 해설: 신유형 문제 중 하나인 문장 넣기는 정답을 고르는 것뿐 아니라, 삭제/소거를 통해 정답에 접근하는 것이 중요하다. 정답은 매우 세부적인 것에 비해, 흐름상 어울리지 않는 오답은 비교적 확실하게 보이기 때문이다. 계약서의 서명을 요구하는 B)번이나 5월호의 기사를 의미하는 C)번. 그리고 메인 셰프의 수상후보를 언급하는 D)번은 흐름상 어울리지 않는다.

DAY 04

형용사의 형태와 자리

학습목표 토익시험에 나오는 형용사의 기본문법과 자리찾기 마스터!

실전적용 파트5에서 단어가 같은 보기의 문제들 중 형용사자리 찾기에 도움

(Warming Up) 들어가기 전

⊙ 형용사의 형태

형용사의 후미형태	Example
형용사의 가장 기본 **"형용사 + -ly = 부사"** 공식 보기에서 부사(-ly)가 있다면, -ly만 손으로 가려보세요?? 뭐가 보이시나요? 그것이 형용사!	**"strong(형용사) + -ly = strongly(부사)"**
-ble	responsi**ble**(책임 있는), applica**ble**(적용가능한)
-ive	informat**ive**(유익한), creat**ive**(창의력 있는)
-ful	beauti**ful**(아름다운), success**ful**(성공적인)
-al	form**al**(격식을 갖춘), controversi**al**(논란이 있는)
-ous	prosper**ous**(번영하는), vari**ous**(다양한)
-ent	effici**ent**(효과적인), profici**ent**(능숙한)
-ry	introducto**ry**(서두의), necessa**ry**(필수적인)
-ic	athlet**ic**(탄탄한), enthusiast**ic**(열렬한)

보기에 형용사가 없다면? 그때는 분사형 형용사인 <u>-ed, -ing</u>를 남긴다. 일반적으로 뒤가 사물이면 -ed (~되어진)으로 해석	-ed -ing

1 ▶ 시험에 나오는 형용사자리. 명사 앞 형용사

파트56 문법(품사)문제에서 명사 앞에 빈칸이 있는 경우 형용사자리로 파악하면 됩니다. 명사 앞에 명사자리를 묻는 복합명사문제는 거의 출제되지 않는 편입니다. 다만, 이를 위하여 명사자리파악을 충분히 연습하셔야 합니다.

• 토익 형용사 문법문제의 예: (**형용사**) 명사
• 토익 복합명사 문법문제의 예: 명사 (**명사**)

명사 앞 형용사 문제의 예 1

예 101. We will introduce (   ) methods to you.

◑ 패턴: 동사의 목적어인 명사(methods) 앞 형용사자리
◑ 주의사항: 형용사는 -ly를 삭제한 형태가 최우선
◑ 보기의 예

   a) informative   b) informatively   c) inform   d) information

   ➲ 형용사자리를 고를 때에는 후미로 판단하는 것이 첫 번째로 중요한 법칙이다. "형용사 + -ly = 부사"의 공식을 역이용하여, 보기의 부사인 b)에서 뒤의 -ly만 삭제한 형태의 보기를 찾는다. 또한, -ive로 끝나는 단어들의 대부분은 형용사이다. 따라서 정답은 a)

◉ 해석: 우리는 효과적인 방법론들을 당신께 소개해 드릴 것입니다.

명사 앞 형용사 문제의 예 2

예 102. The company is looking for a (   ) individual who has a master's degree.

◉ 패턴: 관사의 끝 명사(individual) 앞 형용사자리

◉ 주의사항: individual은 형용사(개개인의) 겸 명사(개인)이다. 이러한 경우 한 번에 품사자리를 찾지 못할 수 있으며, 자칫 형용사 앞 부사자리로 착각할 수 있다. who 앞 선행사이기에 사람명사로 쓰였다는 것이 단서

◉ 보기의 예

a) creative   b) creatively   c) create   d) creation

◉ 정답: a). 빈칸 뒤 individual은 주격관계대명사 who 앞에 쓰였으므로, 사람명사라는 것을 알 수 있다. 따라서 명사 앞 형용사자리. 보기에서 형용사는 -ly를 삭제한 형태 및 -ive로 끝나는 a)가 정답이다. individual을 형용사로 착각하면 부사인 b)로 오답을 고를 수 있음에 주의한다.

◉ 해석: 회사는 석사학위를 소지한 창의적인 사람을 찾고 있습니다.

2 ▶ 시험에 나오는 형용사자리. 2형식 주격보어로서의 형용사

파트56 문법(품사)문제에서 형용사자리는 명사 앞자리를 제외하고는 2형식 주격보어 문제가 가장 많이 출제됩니다. 주격보어는 명사와 형용사 모두 위치할 수 있지만, 관사 나 소유격 없이 주격보어로 명사가 출제될 확률은 없습니다. 따라서 be동사를 포함한 2형식 동사 바로 뒤에 빈칸이 있다면, 2형식 주격보어 형용사를 답으로 골라주시면 됩니다.

➡ 2형식 주격보어

- 주어 be동사 관사/소유격 (명사)
- 주어 be동사 (형용사)

≫ 아래의 2형식 동사 바로 뒤 빈칸은 형용사자리이다.

2형식 동사	Example
be동사	She is **beautiful**. (그녀는 아름답다)
become(~이 되다)	It will become **strong**. (그것은 점점 강력해질 것이다)
remain(남아 있다)	It will remain **same**. (그것은 변하지 않을 것이다)
seem(~인 것 같다)	You seem **happy**. (너는 행복해 보이는 것 같다)
그 외 오감동사	look, smell, taste, feel, sound 다만, 토익에서는 자주 출제되지 않는 편이다.

2형식 주격보어 형용사의 예 1

> 예 103. The painter's use of unique color contrast was (   ).

- 🔊 패턴: be동사 바로 뒤 2형식 주격보어 형용사자리
- 🔊 주의사항: be동사 바로 뒤는 3형식 수동태가 올 수도, 2형식 주격보어가 올 수도 있다. 해석상 빈칸이 주어를 꾸며주는 상황일 때 주격보어 형용사가 위치한다.
- 🔊 보기의 예
    a) impressive   b) impressed   c) impressively   d) impression
    - ➔ 정답: a). be동사 바로 뒤에 빈칸이 있으므로, 3형식 vs 2형식을 우선 구별해야 한다. 주어인 painter's use(화가의 사용법)를 꾸며주는 주격보어자리가 어울린다. 따라서 정답은 a). 보기 중에 형용사가 여러 개일 때는 분사형 형용사(b번 보기)보다 일반형용사를 우선적으로 선택한다.
    "일반형용사 우선법칙"
    - ➔ 해석: 그 화가의 작품은 독창적인 색상의 대비가 인상적이다.

2형식 주격보어 형용사의 예 2

예 104. After the training, all employees became (   ) about the new policy.

● 패턴: 2형식 동사 become 바로 뒤 주격보어 형용사자리

● 주의사항: 형용사의 후미를 암기해야 답을 고를 수 있다.

하나의 단어에서 파생된 형용사들이 여러 개인 경우, 의미가 비슷하다면, 분사형 형용사인 -ed, -ing보다 일반형용사를 우선시한다.

● 보기의 예

a) knowledgeable   b) knowledged   c) knowledge   d) knowledging

　➡ 형용사자리를 고를 때에는 후미로 판단하는 것이 첫 번째로 중요한 법칙이다. -ble로 끝나는 a) "아는 것이 많은"이 -ed, -ing로 끝나는 b), d)번 보기보다 형용사로써 우선시해야 하는 것이 포인트이다.

　➡ 해석: 트레이닝 이후에, 모든 사원들은 새로운 정책에 대하여 더욱 잘 알게 되었다.

3 ▶ 시험에 나오는 형용사자리. 5형식 목적격보어로서의 형용사

파트56 문법(품사)문제에서 형용사자리 중 보어자리는 2형식뿐 아니라, 5형식 목적격보어로서도 출제됩니다. 매달 나오는 문제는 아니지만, 3형식 완전한 문장 뒤의 부사와 5형식 완전한 문장 뒤의 목적격보어(주로 형용사)를 구별하는 것이 중요한 포인트로 출제됩니다. 목적격보어 역시 명사와 형용사 모두 위치할 수 있지만, 관사나 소유격 없이 주격보어로 명사가 출제될 확률은 없기에, 다음 5형식 동사들을 암기한 후에, 문장 후반부에는 형용사를 고르는 연습이 필요합니다.

- 3형식 동사 문장: 주어 동사 목적어 뒤 **부사**
- 5형식 동사 문장: 주어 동사 목적어 뒤 **형용사(주격보어)**

≫ 아래의 5형식 동사 바로 뒤 빈칸은 형용사자리이다.

5형식 동사	Example
make(만들다)	It will make you **successful.** (이것이 당신을 성공적으로 만들어줄 것이다)
find(찾다)	You can find it **easy.** (당신은 이것이 쉬운 것이라는 것을 알게 될 것이다)
keep(유지하다)	You should keep the document **secure.** (당신은 반드시 이 서류를 안전하게 보관해야 한다)
consider(=deem) (고려하다)	I don't consider junk foods **bad.** (난 정크푸드가 나쁘다고 생각하지 않아)
그 외	leave(두다), name(명명하다), call(부르다)
5형식 동사의 특징	주어 + 5형식 동사 + 목적어 + (목적어를 꾸며주는 형용사)

5형식 주격보어 형용사의 예 1

예 105. You can find the images more (   ) in this e-mail.

- 패턴: 5형식 동사 find + 목적어 뒤에 목적어를 꾸며주는 목적격보어 형용사
- 주의사항: 형용사 답을 고를 때, 보기 중에 형용사가 없다면, -ed, -ing 등 동사에서 파생된 분사형 형용사를 답의 후보로 추천한다.
- 보기의 예

    a) attracted   b) attractively   c) attraction   d) attracting

  - 일반적으로 3형식 문장은 완전한 문장 뒤에 부사가 오지만, 위의 예문처럼 5형식 동사 find가 온 문장은 목적어를 꾸며주는 형용사가 보어로 위치한다. 다만, 보기 중에 형용사가 없다면, -ed, -ing로 끝나는 분사형 형용사를 남기고, 꾸며주는 명사가 사물일 경우 "~되어진"으로 해석되는 pp(-ed)형태의 분사를 답으로 고른다. 따라서 정답은 a)

● 해석: 당신은 이메일에 첨부된 사진들이 더 매력적인 것을 찾을 수 있을 것입니다.

5형식 주격보어 형용사의 예 2

예 106. All passengers don't (　　　　) their luggage unattended.

● 패턴: 5형식 동사의 패턴을 물어보는 동사 어휘문제. "주어 + 동사 + 목적어 + (목적격보어)"

● 주의사항: 동사의 목적어 뒤(완전한 문장 뒤) 부사 대신 형용사가 위치했다면, 5형식 동사를 답으로 고른다.

● 보기의 예

a) leave　　　b) place　　　c) attend　　　d) carry

● 정답: a). 보기 모두 luggage(짐, 수하물)를 목적어로 가질 수 있는 동사이지만, 동사의 목적어 뒤에 부사 대신 형용사(unattended)가 쓰인 것은 5형식구문을 물어보는 동사문제이다. 보기에서 목적격보어를 가질 수 있는 5형식동사는 a)이다. 5형식구문을 알지 못하면, 자칫 해석상 d) "운반하다"를 오답으로 고를 수 있다.

● 해석: 모든 승객들은 그들의 수하물을 방치해 두지 말아야 한다.

4 ▶ 시험에 나오는 형용사자리. 수량형용사

수량형용사란 뒤의 명사의 수량이나 단수/복수를 꾸며주는 형용사로서, 가끔 토익에서 1문제씩 출제되는 문제유형입니다. 불가산명사와 가산명사를 단순하게 구별하는 문제는 거의 출제되지 않지만, 단수와 복수를 꾸며주는 형용사로서의 수량형용사는 자주 출제되는 편입니다.

>> **토익에 나오는 대표적인 수량형용사**

수량형용사의 예	Example
가산명사 단수를 꾸며주는 경우	each(각각), every(모두)
가산명사 복수를 꾸며주는 경우	several(여러 개의), many(많은), all(모두), a lot of(많은), a variety of(다양한), a few(꽤 있는), few(거의 없는)
불가산명사를 꾸며주는 경우	much(많은), all(모두), a lot of(많은) a little(꽤 있는), little(거의 없는)

수량형용사의 예 1

🔲 107. (   ) employee should attend the meeting.

🔊 패턴: 단수명사 employee(사원) 앞 수량형용사 자리

🔊 주의사항: 수량형용사는 빈칸 뒤의 명사가 단수/복수인지에 따라 답이 다르다. 특히, 토익에서는 가산명사와 불가산명사를 단순하게 구별하는 문제는 거의 출제되지 않는다. 가산명사 단수/복수를 구별하는 수량형용사에 집중한다.

🔊 보기의 예

   a) Every   b) All   c) Many   d) A lot of

   ➡ 정답: a). 의미는 모든 사원들이 참석해야 하는 당위성을 강조하는 문장이지만, 빈칸 뒤의 명사가 사람명사 단수(employee)이기에, 단수명사를 꾸며주면서 모두를 의미하는 a)를 답으로 고른다. 보기에서 단수명사를 꾸며주는 수량형용사는 a)밖에 없다. 나머지는 모두 복수명사를 꾸며준다.

   ➡ 해석: 모든 사원들은 미팅에 참석해야 합니다.

수량형용사의 예 2

🔲 108. (   ) employees should attend the meeting.

◉ 패턴: 복수명사 employees(사원) 앞 수량형용사 자리

◉ 주의사항: 수량형용사는 빈칸 뒤의 명사가 단수/복수인지에 따라 답이 다르다. 특히, 토익에서는 가산명사와 불가산명사를 단순하게 구별하는 문제는 거의 출제되지 않는다. 가산명사 단수/복수를 구별하는 수량형용사에 집중한다.

◉ 보기의 예

　a) Few　　　b) All　　　c) Every　　　d) Each

➔ 정답: b). 빈칸 뒤 가산명사 복수(employees)가 주어인 문장. 보기 모두 복수명사를 꾸며주는 수량형용사로 위치할 수 있다. few(거의 없는)는 부정적인 의미를 지니고 있다. 모든 사원들의 참석을 요구하는 문장이 어울리므로 정답은 b)를 고른다. 보기에서 복수명사를 꾸며주는 수량형용사는 a)밖에 없다. 나머지는 모두 단수명사를 꾸며준다.

➔ 해석: 모든 사원들은 미팅에 참석해야 합니다.

memo

학습목표 DAY 4 형용사편을 공부하고 나서 명사와 대명사의 문법 및 어휘 실제 기출패턴 문제들을 학습
한다.

01

Before signing up the property dealer course, please read the booklet
including (   ) information about the real estate agency laws.

a) extend   b) extended
c) extensive   d) extensively

02

Dexter Architect announced yesterday that the renovation of the Asan
Hospital's East wing is almost (   ).

a) complete   b) completes
c) completion   d) completely

03

The Bellamich Art Gallery is preparing for the special exhibition which
shows renessiance's (   ) paintings for visitors.

a) innovate

b) innovation

c) innovative

d) innovated

04

> The long (   ) Moshi Hiroi's new novel will be finally released through on-line bookstores on April 12.

a) await

b) awaits

c) awaited

d) awaiting

05

> Because Shade Landscaping's last year performance was very (   ), the company wishes to expand into Asia market.

a) profit

b) profitable

c) profitably

d) profited

06

> Since new versatile smart phones were launched on the market, most of the digital cameras have been (   ).

a) obsolete

b) obsoletely

c) obsoleteness

d) obsoleted

07

> Tomodo Italy is known for popular cuisines which are based on (   ) ingredients from Europe.

a) familiar

b) familiarize

c) familiarized

d) familiarizing

08

Sam-Jin Electronic's engineers stated that this quarter's big success is attributed to (   ) technology.

a) interest

b) interested

c) interesting

d) to interest

09

Dr. Carl Lopez conducted a survey on (   ) methods of commuting work from home.

a) favorable

b) favorably

c) favors

d) favorite

10

Gallup Reaserch Center made a (   ) estimate of cost of the municipal building's construction project by one of the government organization.

a) conservation

b) conserve

c) conserved

d) conservative

11

Because the enclosed file includes important inside information of our company, please keep the document (   ).

a) confident
b) confidence
c) confidential
d) confidentially

12

Carerra Savings Bank made painful reorganization, but it seems (   ) for the company's future.

a) necessaries
b) necessary
c) necessarily
d) necessitate

13

Ms. Loem's professional license of a tax accountant will make her a (   ) candidate for a new position in Tale & Joe Law Firm's accounting department.

a) success
b) successful
c) successfully
d) succeed

14

Cairo Airlines has provided (   ) in-flight meal services to business-class's passengers for 15 years.

a) variety
b) various
c) variously
d) vary

15

Prinseton Appliances often gives (   ) offers for some customers but not others.

a) special   b) specially

c) specialize   d) specialized

16

In order to receive (   ) news pertaining to the economic trend, please visit our web-site and enter your contact information.

a) period   b) periodicals

c) periodic   d) periods

17

(   ) new employee is advised to attend the official orientation before participating in the kick-off meeting for this year.

a) Every   b) All

c) A few   d) Much

18

Due to the detailed explanation about their task, interns will find the employee handbook (   ) in searching for guidelines.

a) help   b) helps

c) helpful   d) helpfully

19

Since (   ) participants registered for the marketing seminar, the event was canceled.

a) All   b) Each

c) Most   d) Few

20

All products of the Panerai's diver watches come with an (   ) rubber band.

a) add   b) addition

c) additional   d) additionally

21

Although the deadline of submitting a expense report is approaching, Mr. Olson hasn't yet woken up to the seriousness of the (   ) schedule.

a) equal   b) punctual

c) urgent   d) conductive

22

Colton Instrument's managers appreciate Dr. Dalton meeting with them on such a (   ) notice.

a) short   b) enough

c) insufficient   d) different

23

The Ministry of Culture & Tourism has put a lot of efforts into the restoration project to preserve the (   ) sites.

a) vast

b) excited

c) spacious

d) historic

24

Today's music festival in Olympic Stadium has been postponed until further notice due to the (   ) weather conditions.

a) separate

b) connected

c) inclement

d) clear

25

This mobile application offers traffic updates to local commuters, so users can avoid the (   ) area.

a) eventual

b) crowded

c) practical

d) local

26

In accordance with (   ) requests, The Technology Job Fair is designed for those who will graduate from college of engineering next year.

a) numerous

b) demanding

c) imperative

d) available

27

Employees are prohibited to apply for their time off during the busiest (   ) season.

a) initial

b) fruitful

c) operational

d) sunny

28

After Blanc Manufacturing's overseas expansion, it plans to hire additional 100 factory workers to achieve (   ) capacity.

a) full

b) significant

c) exceptional

d) long

29

It is (   ) for the spectators to refrain from taking a picture during the performance in the National Music Hall.

a) casual

b) exclusive

c) customary

d) ideal

30

The new prototype of Way Engineering's super small smart-phone is (   ) because of the size of key components.

a) questionable

b) affordable

c) probable

d) profitable

파트6 · 그냥 대충 풀지 마세요

문제풀이 전략

1단계: 맥락파악이 우선입니다.

파트6는 Mini 파트7입니다. 단순 문법/어휘문제처럼 푸는 파트5와 달리, 파트6의 시작
은 지문의 맥락파악입니다. 글을 쓴 사람과 읽는 사람의 정보. 그리고 주제키워드를 찾
는 것을 맥락파악이라고 합니다.

🔊 맥락파악은? 1번 문제를 풀기 전에, 혹은 문제를 풀면서...
1) 글을 쓴 사람?
2) 글을 읽는 사람?
3) 주제키워드(＋제목)?

2단계: 앞/뒤 문장을 통해 개연성 찾기

파트6는 한 문장만을 보면서 푸는 문제가 아닙니다. 물론, 파트7처럼 문맥의 흐름을 파
악하며 해석하는 것이 문제풀이의 기본입니다. 그러한 독해지문 사이에 빈칸을 두고 알
맞은 단어를 고르는 것이 파트6의 문제입니다. 앞/뒤 문장 그리고 문맥의 맥락을 통해
서 개연성을 찾는 것이 중요합니다.

🔊 앞/뒤 문장 개연성 찾기?
파트6의 어휘문제와 동사/시제문제에 적용

3단계: 신유형 "문장 넣기"는 삭제/소거

파트6의 신유형 문장 넣기는 각 지문에 1문제씩 출제됩니다. 기초문법과 어휘를 끝낸

뒤 풀기에는 가장 어려운 문제처럼 느껴지시죠? 이 문제의 정답은 지나치게 세부적으로 나오는 반면, 오답보기는 흐름상 어울리지 않는 것을 쉽게 걸러낼 수 있는 특징이 존재합니다. 그래서 이러한 문제는 정답을 고른다기보다, 어울리지 않는 보기를 삭제하며, 정답에 접근하는 것이 필요합니다.

🔊 먼저... 맥락파악부터 해보세요.

1) 글을 쓴 사람?

2) 글을 읽는 사람?

3) 주제키워드(＋제목)?

찾으셨나요? 그 후에 문장 앞/뒤를 보며 개연성을 찾아가면서 답을 골라보세요.

Refer to the following article

4years ago, Mr. Derickson signed a contract to supervise and train interns at Titanic Hair Studio. He remembered that the first 6 months of 31. (   ) were difficult. "Due to financial problems, the 32. (   ) and unprepared interns were vulnerable to many mistakes." he said. "Now we have to make a start again." First of all, he revised its benefit which unfairly applied to interns. After that, this new supervisor 33. (   ) by enthusiastic supports from all interns. And then , he spoke to them like this "I promise everything will be all right."

Despite its recession, it becomes one of the best hair shop in Uxbriton. 34. (   ).

31   a) competition   b) operation

     c) award   d) popularity

32
a) unskilled
b) unable
c) interested
d) successful

33
a) cheered
b) will cheer
c) will be cheered
d) has been cheered

34
a) New interns want to participate in the training seminar in Uxbriton.

b) She submitted a request about government's grant for its renovation.

c) Team work and a new leader let us know how important it is to overcome difficulties.

d) Full time workers and interns were advised that they take a advanced course.

해설

01 • 정답: C)
 • 해석: 부동산중개인 자격코스에 등록하기 전에, 부동산중개인법률에 관한 광범위한 정보가 포함된 해당 소책자를 꼼꼼하게 읽어보세요.
 • 생각의 단계: 명사(information) 앞 형용사의 자리 고르기. 보기에서 형용사는 C). 분사형 형용사인 B)보다 일반형용사인 C)를 우선시한다.
 • 기초들의 실수: 형용사자리를 파악하더라도 기본형용사와 분사형 형용사(-ed, -ing)의 우선순위를 구별하지 못하면, B)로 오답을 고르는 경우가 많겠죠? 무조건 기본형용사를 우선으로 생각하세요. 팁을 하나 드리자면, 형용사 단어 뒤에 ㅓy를 더하면 부사가 된다는 사실. 즉, 보기에서 D)의 ㅓy를 삭제한 형태인 C)가 형용사일 수밖에 없겠죠!
 • property: 자산, 부동산. including: ~을 포함하는. real estate ageny: 부동산중개인. extensive: 광범위한, 해박한.

02 • 정답: A)
 • 해석: Dexter Architect는 Asan병원의 동쪽 부속건물의 보수공사가 거의 완성되었다고 어제 발표했습니다.
 • 생각의 단계: be동사 뒤 2형식 주격보어 형용사자리 고르기. 보기에서 형용사는 A).
 • 기초들의 실수: 2형식 주격보어는 형용사뿐 아니라, 명사도 자리할 수 있어요. 하지만 명사는 관사나 소유격 등 없이 갑작스레 2형식 주격보어로 쓰이지 않아요.
 • architect: 건축가, 건축설계사. renovation: 보수공사. wing: 부속건물

03 • 정답: c)
 • 해설: Bellamich Art Gallery에서는 르네상스 시절의 혁신적인 그림들을 방문객들에게 보여주기 위한 특별전시회를 준비 중이다.
 • 생각의 단계: 소유격 뒤 명사(painting) 앞 형용사자리 고르기. 보기에서 기본형용사는 C)이다.
 • 기초들의 실수: 형용사자리는 찾았으나 D)의 분사형 형용사를 덥석 먼저 물지 말아요. D)는 형용사가 될 수 없냐고요? 아니요. 될 수 있어요. 대신 기본형용사인 C)가 없을 때 대체형용사로 사용될 수 있답니다.
 • exhibition: 전람회, 전시회. innovative: 혁신적인. painting: 그림

04 • 정답: C)
 • 해석: 오랫동안 기다린 Moshi Hiroi의 새로운 소설이 4월 12일 온라인 서점들을 통해 전격 발매될

것입니다.

- 생각의 단계: 주어 명사 앞 형용사자리 고르기. 보기에서 기본형용사는 없기에, 분사형 형용사인 C) 와 D)를 남긴 후 구별. 블랭크 뒤의 명사가 사물(novel)이기에 수동적인 의미의 C)를 고른다.
- 기초들의 실수: 동명사와 형용사를 구별하지 못하여, D)를 고르는 실수를 먼저 잡아야 하겠죠? 동명 사는 뒤에 목적어 개념의 명사가 붙습니다. 예를 들어, "동명사-ing + 관사 명사"와 같은 형태를 말해요. 먼저 형용사자리냐 동명사자리냐를 구별해야겠죠? 또 하나. C)와 D)처럼 분사형 형용사를 구별할 때에는 해석을 해보셔야 해요. 뒤의 사물인 novel(소설)이 직접 기다릴 수는 없는 것이니, -ed 형태의 "~되어진"이 어울린다는 것. 기억해 두세요.
- awaited: 기다려진. novel: 소설

05 · 정답: B)
- 해석: Shade Landscaping의 작년 실적이 너무 좋기 때문에, 회사는 아시아 시장으로의 해외진출을 모색하고 있다.
- 생각의 단계: 2형식 동사(was)의 주격보어 형용사자리 고르기. 보기에서 형용사는 B)
- 기초들의 실수: 수동태 동사 구문처럼 D)를 오답으로 고르지 않도록 주의해야 합니다. 2형식 주격보어 형용사는 주어를 꾸며주는 역할이고, 3형식 수동태동사는 주로 주어(사물)가 수동적인 의미로 "~되어지다"로 해석되어질 때 쓰는 구문입니다.
- landscaping: 조경, 조경업체. expand into: ~속으로 확장하다, 해외진출하다. profitable: 수익성이 좋은

06 · 정답: A)
- 해석: 여러 기능을 가진 새로운 모바일폰들이 시장에 출시됨에 따라, 대부분의 디지털 카메라는 쓸모가 없어졌다.
- 생각의 단계: 2형식 동사 구문으로의 주격보어 형용사자리 고르기. 보기에서 형용사는 A)
- 기초들의 실수: 모르는 단어가 나왔다고 찍지 마세요. 먼저 자리를 찾고(형용사), 그 후에 보기에서 형용사를 고르는 단계별 접근이 중요합니다. 형용사 단어를 모를 때에는, 보기에서 -y(부사. B)번 보기)부분만 삭제한 형태의 생김새를 보기에서 골라보세요.
- versatile: 다재다능한. launch: 출시하다, 내놓다. obsolete: 쓸모가 없어지는, 의미를 상실한

07 · 정답: a)
- 해석: Tomodo Italy는 유럽의 친근한 음식재료들을 바탕으로 두고 대중적인 음식을 만드는 것으로 유명하다.
- 생각의 단계: 동사의 목적어인 명사(ingredient) 앞 형용사자리 고르기. 보기에서 형용사는 A)
- 기초들의 실수: 뜻을 알지만 품사구별이 안 되는 어휘들이 많은가요? 처음 토익어휘를 외울 때에는

뜻과 후미에 따른 품사구별을 먼저 익히세요. 예문보다 더 중요한 것이랍니다. 그래야 C)나 D) 대신 A)를 형용사로 고를 수 있는 어휘성 문법문제라고 할 수 있습니다.

- is known for: ~으로 유명하다. cuisine: 요리. familiar: 익숙한, 잘 알고 있는. ingredient: 음식 재료요소

○8 • 정답: C)

- 해석: Sam-Jin Electronic의 연구진들은 이번 분기의 큰 성공을 흥미로운 기술력의 공이 컸다고 밝혔다.

- 생각의 단계: 명사(technology) 앞 형용사자리 고르기. 보기에서 형용사는 B)와 C)를 남긴 후에 구별. 감정유발형용사는 일반 분사형 형용사와 반대로 생각해야 한다. 즉, 사물일 때 -ing형태로 쓰이기에 정답은 C)를 고른다.

- 기초들의 실수: 분사형 형용사로만 생각할 경우, 뒤가 사물(technology)이기에 -ed형태의 B)를 오답으로 고를 수 있어요. 감정유발동사라고 아세요? excite(흥분시키다), disappoint(실망시키다), worry(걱정시키다) 등을 능동태로 쓰면 "~시키다, 유발시키다"의 의미를 가집니다. 그래서 수동태로 써야 능동의 의미를 가지는 역발상 단어라고 생각하면 돼요. 예를 들어 "내가 흥미롭다"로 표현하려면, "I am interested"로 오히려 수동태로 써야 한다는 거죠. 형용사 역시 분사형 형용사와 반대로 생각해 보세요. 뒤가 사물이면 직접 행할 수 없기에, 수동적인 -ed형태의 형용사를 답으로 고르던 일반적인 문제와 달리, 반대로 생각하면 됩니다. 즉, 뒤에 명사가 사물(technology)이니까 일반적인 분사형 형용사는 -ed가 맞겠지만, 감정유발은 반대로 써주어야 정답이 된다는거죠.

- state: 나타내다, 언급하다. attribute to: ~의 공으로 돌리다.

○9 • 정답: D)

- 해석: 칼 로페즈 박사는 통근자들이 출퇴근 시 가장 선호하는 방법들에 대하여 설문조사를 진행했다.

- 생각의 단계: 명사(method) 앞 형용사자리 고르기. 보기에서 형용사는 A) "우호적인"과 D) "가장 좋아하는, 선호하는" 두 개를 남긴 후에 구별. 설문조사에서 통근자들의 선호하는 방식을 물어보는 것이 알맞기 때문에, 정답은 D)

- 기초들의 실수: 하나의 단어에서 여러 형용사가 파생되는 경우가 있습니다. 토익시험에 나오는 어휘들로 구성된 어휘책을 통해 암기해 주셔야 이러한 문제의 실수를 막을 수 있습니다. 위의 문제는 단어의 뜻을 정확하게 구별하지 못하면, 자칫 A)로 오답을 고를 수 있는 가능성이 많아요.

- conduct: (특정 활동을) 시행하다, method: 방법(론). commute: 통근하다. favorable: 우호적인. favorite: 가장 좋아하는, 선호하는

1○ • 정답: D)

- 해석: Gallup Reaserch Center는 정부기관에 의한 시청건물 건설 프로젝트에 관하여 보수적인 견

적을 내놓았다.

- 생각의 단계: 동사의 목적어 혹은 관사 뒤의 명사(estimate) 앞 형용사자리 고르기. 보기에서 기본 형용사는 D)
- 기초들의 실수: 동사 겸 명사인 "estimate"를 명사로 구분하지 못한다면, 형용사자리 자체를 고르지 못하고, 엉뚱한 오답을 고를 수 있는 문제입니다. 어휘암기도 중요하지만, 자리의 위치를 파악하는 능력을 실전문제를 통해 익히세요. 명사처럼 생기지 않았더라도, 관사의 끝부분에 걸린 단어는 명사라는 것. 명사 앞에는 품사문제에서 또 명사를 고르는 앞자리 복합명사는 출제되지 않는 점. 즉, 명사 앞에 형용사자리 고르기 문제입니다.
- conservative; 보존적인, 보수적인. estimate: 견적. municipal: 시청. organization: 기관

11 · 정답: C)
- 해석: 첨부된 파일은 회사 내에 중요한 정보가 포함되어 있기 때문에, 반드시 기밀로 저장해 두세요.
- 생각의 단계: 5형식 동사(keep) 뒤 목적어(document)를 보충해 주는 목적격보어 형용사자리 고르기. 보기에서 형용사는 A)와 C)를 남긴 후에 구별. 회사정보가 포함된 중요문서는 "기밀의, 비밀의"라는 말이 어울리기에, 정답은 C)
- 기초들의 실수: 5형식이란 동사 뒤의 목적어를 꾸며주는 보어가 문장 마지막에 위치하는 구조를 말합니다. "주어 + 5형식 동사 + 목적어 + 목적격보어(형용사 또는 명사)". 기초문법을 공부하지 않으면, 이 자리에 부사를 고를 수 있겠죠? 조심하세요.
- enclosed: 첨부된. confident: 자신감 있는. confidential: 기밀의, 비밀의

12 · 정답: B)
- 해석: Carerra Savings Bank는 고통스러운 구조조정을 겪었지만, 미래를 위해서 반드시 필요해 보인다.
- 생각의 단계: 2형식 동사(seem)의 주격보어 형용사자리 고르기. 보기에서 형용사는 B)
- 기초들의 실수: 2형식이 Be동사만 있는 게 아니에요. become(~이 되다), seem(~인 것 같다), remain(~남아 있다) 정도라도 외워주셔야 합니다. 주격보어 형용사를 골라야 하는 자리에, 3형식으로 오인하여 명사를 고를 수도 있는 함정문제입니다.
- reorganization: 구조조정. seem: ~인 것 같다. necessary: 반드시 필요한, 필수불가결한

13 · 정답: B)
- G해석: Loem씨의 세무관련 전문자격증은 Tale & Joe Law Firm의 회계부서의 새로운 사원을 뽑는 데에 최종합격자로 만들어주었다.
- 생각의 단계: 5형식 동사(make) 뒤 목적어(her)를 보충해 주는 목적격보어 자리를 먼저 파악. 보어는 명사와 형용사 모두 올 수 있다. 따라서 블랭크 뒤 명사(candidate)는 목적격보어임. 명사 앞

형용사자리 고르기. 보기에서 형용사는 B)

• 기초들의 실수: 5형식 목적격보어는 명사와 형용사 모두 올 수 있음에 주의해야 합니다.

• license: 자격증. successful candidate: 최종합격자. accountant: 회계전문가, 회계사

14 • 정답: B)

• 해석: Cairo Airlines는 지난 15년 동안 비즈니스석 승객들에게 다양한 기내식 서비스를 제공해 오고 있다.

• 생각의 단계: 명사(in-flight meals) 앞 형용사자리 고르기. 보기에서 형용사는 B)

• 기초들의 실수: 명사 앞에는 또 명사를 묻는 복합명사 문제는 없어요. 토익어휘를 암기하실 때, 뜻과 후미에 따른 품사구별이 먼저라는 점. 잊지 마세요.

• various: 다양한. in-flight meals: 기내식

15 • 정답: A)

• 해석: Prinseton Appliances는 전부는 아니지만 몇몇 고객들에게 특별 혜택을 제공하고 있다.

• 생각의 단계: 동사(give)의 목적어(offer)앞 형용사자리 고르기. 보기에서 기본형용사는 A)

• 기초들의 실수: offer는 동사 겸 명사로 쓰이는 단어입니다. 문장의 구조를 보면, offer가 동사의 목적어로 쓰였다는 것 보이시죠? 명사 앞에는 형용사자리

• appliance: 가전제품. offer(명사): 혜택, 할인

16 • 정답: C)

• 해석: 최신 경제경향에 관한 정기뉴스를 받고 싶으시다면, 저희 웹사이트에 방문하셔서 연락처를 입력해 주세요.

• 생각의 단계: 목적어 명사(news) 앞 형용사자리 고르기. 보기에서 형용사는 -ic로 끝나는 C)가 정답이다.

• 기초들의 실수: 단어를 아예 모르고 구별할 수 없을 때 유용한 팁 하나 알려드릴게요. 형용사는 뒤에 -s를 붙이지 못해요.

• periodic: 정기적인. pertaining to: ~에 관한

17 • 정답: A)

• 해석: 모든 신입사원들은 이번 연도 시무식에 참석하기 전에 공식 오리엔테이션에 반드시 참석하셔야 합니다.

• 생각의 단계: 수량형용사문제로서 뒤에 단수명사(employee)를 꾸며주는 것은 A)

• 기초들의 실수: 보기 중에 B), C), D) 모두 복수명사를 꾸며주는 수량형용사이다. 특히 A few(꽤 있는)나 few(거의 없는) 모두 복수명사를 꾸며줍니다.

- attend, participate in: 참석하다, 참여하다. kick-off meeting: 시무식

18 • 정답: C)
- 해석: 업무에 관한 상세한 설명 때문에, 인턴들은 업무관련 가이드라인을 위하여 사원핸드북을 찾게 될 것입니다.
- 생각의 단계: 5형식 동사(find) 뒤 목적어(handbook)를 보충해 주는 목적격보어 형용사자리 고르기. 보기에서 형용사는 C)
- detailed: 상세한, 세부적인. explanation: 설명

19 • 정답: D)
- 해석: 마케팅 세미나에 등록한 참석자가 거의 없어서, 해당이벤트는 취소되었습니다.
- 생각의 단계: 수량형용사문제. 블랭크 뒤 주어명사가 복수(participants)이기에 복수명사와 어울리지 않는 B)는 삭제한 후에 구별. 해석상 D) "거의 없는"이 취소된 이벤트의 이유가 된다.
- 기초들의 실수: 뒤에 복수명사만을 보고 A)를 오답으로 고르지 않도록 조심해야 해요.

20 • 정답: C)
- 해석: Panerai의 모든 다이버 시계들은 추가적인 고무스트랩이 포함되어집니다.
- 생각의 단계: 명사(rubber band) 앞 형용사자리 고르기. 보기에서 형용사는 C)
- 기초들의 실수: "형용사+-ly= 부사"라는 공식을 기억해 둡니다. 즉, -ly만을 삭제한 생김새의 보기가 기본형용사라는 법칙
- come with: 함께 포함되다. additional: 추가의, 추가적인

21 • 정답: C)
- 해석: 비용보고서의 제출 마감기한이 다가옴에도 불구하고, Olson씨는 긴급한 일정의 심각성을 아직 깨닫지 못하고 있다.
- 생각의 단계: 명사(schedule)를 꾸며주는 형용사 어휘문제. 개연성을 찾는다. 부사절(although)에서 마감기한이 곧 임박했다는 사실을 살리면, C) "긴급한 일정"이 주절의 내용과 어울린다.
- deadline: 마감기한, approach: 다가오다. seriousness: 심각성. punctual: 시간 약속을 잘 지키는. urgent: 긴급한. conductive; 전도력이 있는

22 • 정답: A)
- 해석: Colton Instrument의 매니저들은 촉박한 요청에도 그들과의 미팅을 허락해 준 Dalton 박사님께 감사를 표현했다.

- 생각의 단계: on such short notice는 "이렇게 급한 요청"이라는 뜻으로, 부탁을 할 때 촉박한 시간을 앞두고 글을 썼을 때 사용하는 표현이다.

23 · 정답: D)
- 해석: 문화체육관광부는 역사유적지를 보존하기 위하여 복구 프로젝트에 엄청난 노력을 기울이고 있다.
- 생각의 단계: 명사(site) 앞 형용사 어휘문제. 개연성을 찾는다. 문화체육관광부에서 실시하는 복구 프로젝트와 어울리는 단어를 찾는다. 역사유적지를 보존하기 위한 이유가 어울리므로, 정답은 D)를 고른다.
- 기초들의 실수: 블랭크 뒤에 장소를 의미하는 site만 보고 형용사를 고르면, A)나 C)와 같은 "광대한, 넓은" 등의 의미로 오답을 고를 수 있어요. 생각해 보세요. 넓은 장소를 꼭 보존해야 하는지, 그리고 문화체육관광부와 같이 정부에서 꼭 관여를 해야 하는지. 역사유적지 정도 되니까 정부에서 프로젝트를 가동하는 거겠죠? 그렇게 찾는 것을 개연성찾기라고 한답니다.
- restoration: 복구. preserve: 보존하다. historical site: 역사유적지

24 · 정답: C)
- 해석: 오늘 올림픽 주경기장에서 개최하는 뮤직페스티벌은 굳은 날씨로 인하여 추후통지가 있을 때까지 연기되어졌다.
- 생각의 단계: 이유의 전치사(due to)의 목적어인 명사(weather condition) 앞 형용사 어휘문제. 바깥에서 진행하는 행사가 연기된 이유로 날씨를 말하고 있다면, bad weather를 의미한다. 따라서 정답은 C)
- 기초들의 실수: inclement라는 뜻을 암기하지 못했을 경우, 날씨라는 단서만 보고 D)처럼 "화창한 날씨" 등으로 오답을 고를 수 있습니다. 만약 좋은 날씨였다면, outdoor event가 연기되거나 취소될 리 없겠죠?
- until further notice: 추후 통지가 있을 때까지. inclement: 굳은, 나쁜. separate: 분리된

25 · 정답: B)
- 해석: 그 모바일 앱은 교통상황을 업데이트하여, 지역 통근자들이 혼잡한 지역을 피할 수 있도록 도와준다.
- 생각의 단계: 동사(avoid)의 목적어인 장소명사(area) 앞 형용사 어휘문제로서, 개연성을 찾는다. so라는 접속사는 주절이 이유가 된다. 교통관련 뉴스를 제공하는 모바일 앱의 긍정적인 스토리를 언급하고 있으므로, 혼잡한 지역을 피할 수 있게 되는 것이 결과로 볼 수 있다. 따라서 정답은 B)
- 기초들의 실수: 개연성을 찾지 않고, 뒤에 지역(area)하고만 어울리는 단어를 찾으면, 자칫 D)로 오답을 고를 수 있음에 주의합니다.
- commuter: 통근자. avoid: 피하다

26 • 정답: A)
  • 해석: 수많은 요청들에 따라, 내년 졸업을 앞둔 공대 졸업생들을 위한 The Technology Job Fair
    가 만들어졌다.
  • 생각의 단계; 명사(requests) 앞 형용사 어휘문제로서 개연성을 고른다. 특정한 취업박람회가 열리
    는 이유를 설명하는 문장이므로, A)가 어울린다.
  • numerous: 수많은. request: 요청, 요구(동사 겸 명사). job fair: 취업박람회

27 • 정답: C)
  • 해석: 사원들은 가장 바쁜 운영기간 동안에는 휴가를 신청하는 것이 금지되어 있다.
  • 생각의 단계: 최상급 뒤 명사(season) 앞 형용사 어휘문제. season과는 다양한 형용사가 어울릴
    수 있지만, 사원들의 휴가 금지와 어울릴 만한 단서는 C)가 정답에 가깝다.
  • prohibit: 금지하다. during: ～하는 동안. operational: 조직상의

28 • 정답: A)
  • 해석: Blanc Manufacturing의 해외 진출 이후, 최대 생산능력을 얻기 위하여 추가로 100명의 공
    장근로자들을 뽑을 계획이다.
  • 생각의 단계: 명사(capacity) 앞 형용사 어휘문제. 개연성을 찾는다. 추가로 근로자를 고용할 계획
    은 공장의 가동능력을 최대한으로 하기 위함이다. 따라서 정답은 A)
  • plan to: ～할 계획. achieve: 이루다, 성취하다. capacity: 능력. significant: 중요한. excep-
    tional: 예외적인

29 • 정답: C)
  • 해석: National Music Hall의 공연 중 사진촬영을 삼가는 것은 관중들에게 관습적인 것이다.
  • 생각의 단계: 2형식 주격보어로서의 형용사 어휘문제. 공연 중 촬영 금지는 당위성이나 당연함을 나
    타내는 단어가 위치해야 한다. 따라서 정답은 C)
  • spectator: 청중, 관중. refrain from: ～하는 것을 삼가다. exclusive: 배타적인, 독립적인. cus-
    tomary: 관습적인, 통례에 의한. ideal: 이상적인

30 • 정답: A)
  • 해석: Way Engineering 초미니 스마트폰의 새로운 프로토타입은 주요 부품들의 사이즈 때문에, 아
    직 의심스러운 부분이 많다.
  • 생각의 단계: 2형식 주격보어의 형용사 어휘문제. 프로토타입(prototype)은 제품을 선보이기 전 표
    본을 말하는 것이므로, 아직 확정단계가 아닌 것을 강조했다는 것이 포인트이다.
  • prototype: 표본. component: (기계)구성요소

해석과 맥락파악. 정답과 해설

4년 전, 데릭슨은 Titanic Hair Studio의 인턴들을 감독하고 교육시키는 업무를 담당하기로 계약을 했었다. 그는 처음 6개월간은 운영의 어려움을 겪었다고 회고했다. "경제적인 어려움으로 인해, 아직 준비가 덜 되고 기술이 부족한 인턴들은 실수에 빠지기 더 쉬웠어요."라고 말했다. "지금이 오히려 다시 시작해야 할 순간이라고 생각했었습니다." 우선, 그는 인턴들에게 불공정한 여러 복리혜택들부터 수정을 가했다. 그 후로부터, 이 새로운 감독관은 모든 인턴들에게 열렬한 지지를 얻게 되었습니다. 그리고 나서, "모든 것이 괜찮아질 거야"라고 모두에게 말했습니다.

최근 최악의 불경기임에도 불구하고, 그들은 Uxbriton 지역의 최고 헤어숍이 되었습니다. 팀워크와 뛰어난 지도자가 불경기를 이겨내는 데 얼마나 중요한 것인지를 일깨워주는 사례입니다.

1) 글을 쓴 사람? 비즈니스 섹션 신문기자
2) 글을 읽는 사람? 비즈니스 섹션 신문 구독자
3) 주제키워드(+제목)? Local 헤어숍의 새로운 리더의 중요성과 극복기

31 · 정답: b)
  · 해설: 맥락을 살펴보면, 데릭슨이라는 새로운 감독관이 회사에 들어오면서 일어나는 일과 불경기를 이겨나가는 모습에 대한 스토리이기에 "회사의 운영"이라는 표현이 알맞다. 따라서 정답은 b) "운영" 를 고른다.

32 · 정답: a)
  · 해설: 보기는 형용사 어휘문제. 어려움을 겪었던 시절을 회상하는 구문임과 동시에, A and B의 병렬/병치구문을 통해 답의 단서를 찾는다. 인턴들을 꾸며주는 형용사로서 블랭크 뒤에 unprepared (준비가 되지 않은)와 어울리는 부정적인 형용사 어휘(사람을 꾸며주는)는 a) "기술이 부족한"이 알맞다.

33 · 정답: d)
  · 해설: 파트6의 동사문제는 보기를 해석하면서 문장의 흐름을 파악하는 것이 중요하다. 문단의 흐름이 과거를 의미함과 동시에, 블랭크 뒤는 목적어 없이 막힌 문장이기에 과거를 의미하는 수동태동사가 어울린다. 따라서 정답은 d)

34 · 정답: c)
  · 해설: 신유형 문제 중 하나인 문장 넣기는 정답을 고르는 것뿐 아니라, 삭제/소거를 통해 정답에 접

근하는 것이 중요하다. 정답은 매우 세부적인 것에 비해, 흐름상 어울리지 않는 오답은 비교적 확실하게 보이기 때문이다. 인칭대명사 she로 받을 수도 없고, 보수공사의 스토리를 언급한 b)나 정규직 사원들과 인턴들의 교육이 이어지는 d) 등은 지문의 결론부분으로 어울리지 않는다. 정답은 새로운 리더십에 대한 본보기를 말하는 c)가 어울린다.

memo

DAY

06

토익문법 기출패턴 20일 완성

부사의 형태와 자리

학습목표 토익시험에 나오는 부사의 기본문법과 자리찾기 마스터!

실전적용 파트5에서 단어가 같은 보기의 문제들 중 부사자리 찾기에 도움

(Warming Up) 들어가기 전

➔ 부사의 형태

토익에 출제되는 부사는 대부분 후미가 –ly로 끝나는 단어들이며, 형용사 뒤에 –ly
를 추가하여 만든 형태입니다. 완전한 문장 사이에 들어가는 것이기에 삭제하더라도
전달하고자 하는 큰 의미는 벗어나지 않는다는 것을 꼭 기억해 주세요. 하지만 아무
리 완전한 문장 사이에 들어가는 품사일지라도, 토익은 객관식 시험이기에, 부사문
제를 답으로 고르는 패턴이 존재하게 됩니다. 이번 DAY6에서는 토익에 출제되는
부사 문법자리에 초점을 맞추고 학습해 보겠습니다.

1 ▶ 시험에 나오는 부사자리. 동사 앞 부사

완전한 문장 사이에 들어가는 품사인 부사도 몇 가지 패턴이 존재한다. 특히 동사를 꾸며주는 것이 핵심기능 중 하나이기에, 완전한 문장이면서 동사 앞에 빈칸이 있다면, 부사를 답으로 고른다.

• 동사 앞 부사: 주어 (**부사**) 동사 목적어

동사 앞 부사문제의 예

예 101. The analyst (   ) predicted the next year's sales figures.

🔊 패턴: 완전한 문장이면서 동사 앞 부사자리

🔊 주의사항: 부사는 –ly로 끝나는 단어로서, 반드시 완전한 문장인지를 먼저 살핀다.

🔊 보기의 예

   a) cautious   b) cautiously   c) caution   d) cautions

   ➲ 정답 b). 동사(predict. 예상하다) 앞에서 의미를 더 자세하게 꾸며주는 품사는 부사이다. 동사 앞 부사자리이기에 정답은 –ly로 끝나는 b)를 답으로 고른다. 동사 앞이라서 무조건 명사인 c)와 d)를 고르지 않도록 주의한다.

   ➲ 해석: 분석가는 조심스럽게 내년 판매수치를 예상했다.

2 ▶ 시험에 나오는 부사자리. 형용사 앞 부사

부사는 동사뿐 아니라 형용사를 꾸며주는 역할 역시 주된 기능으로 꼽힌다. 완전한 문장이면서 형용사 앞에 빈칸이 있다면, 부사를 답으로 고른다.

- 형용사 앞 부사 1: 주어 동사 (　**부사**　) 형용사 목적어명사
- 형용사 앞 부사 2: 주어 2형식동사 (　**부사**　) 주격보어형용사
- 형용사 앞 부사 3: 주어 5형식동사 목적어 (　**부사**　) 목적격보어형용사

형용사 앞 부사문제의 예 1

🔲 102. Tao Co. has a (　　　　) solid compensation plan for employees.

🔊 패턴: 완전한 문장 사이 혹은 형용사 앞 부사자리

🔊 주의사항: 부사는 -ly로 끝나는 단어로서, 반드시 완전한 문장인지를 먼저 살핀다. 형용사를 꾸며주는 부사의 위치를 고를 때에는 빈칸 뒤 형용사의 어휘를 알지 못하면 오답을 고를 수 있다.

🔊 보기의 예

a) definite　　　b) definitely　　　c) definitize　　　d) definition

➡ 정답: b). 빈칸 앞/뒤를 살펴야 문법의 자리를 정확하게 파악할 수 있다. 동사의 목적어가 빈칸 뒤에 위치한 상황. 단, solid는 형용사로서 "튼튼한, 탄탄한"의 의미를 가지고 목적어 명사를 꾸며주고 있다. 형용사 앞 부사를 고르는 문제로서, 정답은 b)를 고른다.

➡ 해석: Tao Co.는 사원들을 위하여 확실히 탄탄한 보상계획을 가지고 있다.

형용사 앞 부사문제의 예 2

🔲 103. The company becomes (　　　　) reliant on the overseas market.

🔊 패턴: 완전한 문장이면서 2형식 주격보어형용사 앞 부사자리

🔊 주의사항: 부사는 -ly로 끝나는 단어로서, 반드시 완전한 문장인지를 먼저 살핀다. 특히 2형식이나 5형식 보어 앞의 부사자리를 고를 시에는 형용사의 위치파악에 주의해야 한다.

◀◎ 보기의 예

a) gradual   b) gradually   c) graduate   d) graduation

➡ 빈칸 앞/뒤를 살펴야 문법의 자리를 정확하게 파악할 수 있다. 빈칸 앞에는 2형식 동사 become(~이 되다), 빈칸 뒤에는 주격보어 형용사인 reliant(~의존하는). 따라서 완전한 문장 사이 및 형용사 앞 부사자리이기에 정답은 b)

➡ 해석: 회사는 점점 해외시장에 의존해 가고 있다.

형용사 앞 부사문제의 예 3

예 104. The new air-conditioning system will make your electric bill ( ) efficient.

◀◎ 패턴: 완전한 문장이면서 5형식 목적격보어 형용사 앞 부사자리

◀◎ 주의사항: 부사는 −ly로 끝나는 단어로서, 반드시 완전한 문장인지를 먼저 살핀다. 5형식구문의 경우 완전한 문장 뒤(목적어 뒤)에 형용사가 오는 구조를 알고 있어야 한다. 목적격보어가 형용사일 경우 형용사(보어) 앞에 부사를 답으로 고르는 문제가 출제된다.

◀◎ 보기의 예

a) increasing   b) increasingly   c) increase   d) increased

➡ 정답: b). 빈칸 앞/뒤를 살펴야 문법의 자리를 정확하게 파악할 수 있다. 빈칸 뒤의 efficient(효율적인)는 5형식동사인 make의 목적격보어로 쓰인 형용사이다. 5형식구문을 정확하게 파악하면, 형용사를 꾸며주는 부사자리라는 것을 알 수 있다. 5형식구문은 "주어 + 동사 + 목적어 + 목적격보어(형용사 혹은 명사)"로 쓰인다.

➡ 해석: 새로운 에어컨디셔닝 시스템은 당신의 전기세를 점점 효율적으로 만들어줄 것이다.

3 시험에 나오는 부사자리. -ed, -ing 앞 부사

토익에서 -ed와 -ing는 동사, 형용사 혹은 준동사(동사의 성질을 가진 분사, 동명사 등)이다. 따라서 -ing로 끝나는 명사만 조심한다면, 이들 앞에는 부사자리가 위치한다는 것을 알 수 있다. 부사의 핵심기능이 동사와 형용사 앞에서 꾸며주는 것이기에, -ed와 -ing 앞에 부사를 고르는 문제가 토익에 자주 출제된다.

• 토익에서 -ed와 -ing는 동사, 형용사, 준동사
• -ed와 -ing 앞은 부사자리

-ed, -ing 앞 부사문제의 예 1

예 105. The manager (   ) received outstanding performance reviews.

🔊 패턴: 완전한 문장이면서 동사(-ed) 앞 부사자리
🔊 주의사항: 부사는 -ly로 끝나는 단어로서, 반드시 완전한 문장인지를 먼저 살핀다. -ed로 끝나는 단어는 과거동사이거나 준동사(분사)로서, 동사나 형용사로 파악해도 무방하다.
🔊 보기의 예
   a) consistent   b) consistently   c) consistence   d) consistency
   ➲ 정답: b). 완전한 문장 사이 부사를 고르는 문제. 다만, 빈칸 뒤에 있는 received 는 동사로 쓰였다. 동사 앞 부사를 고르는 문제임과 동시에, -ed로 끝나는 단어 는 과거동사이거나 분사이기에 빈칸은 부사자리라는 것의 단서이기도 하다. 따라서 정답은 b)
   ➲ 해석: 그 매니저는 뛰어난 수행능력의 평가를 지속적으로 받았다.

-ed, -ing 앞 부사문제의 예 2

> 🔲 106. You can get more information by (   ) visiting our web site.

◀ 패턴: 완전한 문장이면서 동명사 앞 부사자리

◀ 주의사항: 부사는 -ly로 끝나는 단어로서, 반드시 완전한 문장인지를 먼저 살핀다. -ing로 끝나는 단어는 일반명사가 아닌 경우, 동사세트(예: is + ing)이거나 준동사 (동명사나 현재분사)로서, 동사나 형용사로 파악해도 무방하다.

◀ 보기의 예

a) frequent   b) frequently   c) frequence   d) frequency

➡ 전치사 by 뒤에 -ing(visiting)는 동사의 성질을 가진 동명사이다. 동명사 역시 동사의 성질을 가진 품사이기에 부사가 수식하는 자리로 자주 출제되는 문제유형 중 하나이다. 이처럼 -ed와 -ing는 토익에서 동사, 형용사, 준동사 중 하나일 가능성이 높기에 이들 앞에 빈칸이 있다면 부사를 답으로 고른다. 따라서 정답은 b)

➡ 해석: 저희 웹사이트를 자주 방문하심으로써, 더 많은 정보를 얻어가실 수 있습니다.

4 ▶ 시험에 나오는 부사자리. 동사와 동사 사이(동사세트 사이) 부사

부사는 완전한 문장 사이에 위치하는 것이 1법칙이며, 동사를 꾸며주는 경우가 가장 흔하다. 따라서 동사와 동사 사이(동사세트 사이)에 부사자리로써 자주 출제된다.

◀ 동사세트 예 1: 조동사 (**부사**) 동사원형

> 🔲 "조동사 + 동사원형" 세트 사이 및 동사와 동사 사이 부사자리. 시험에 출제되는 조동사에는 will, can, may, would, could, might, must 등이 있다.

◀) 동사세트 예 2: 수동태동사 사이. be (**부사**) pp

> 예 수동태 동사구조인 "be + pp"동사 사이 부사자리
>
> The accounting reports were (thoroughly) reviewed by the managers.
>
> (회계 보고서들은 매니저들에 의하여 꼼꼼하게 검토되었다.)

◀) 동사세트 예 3: 현재진행형 동사 사이. be (**부사**) -ing

> 예 진행형 동사구조인 "be + -ing"동사 사이 부사자리
>
> Mr. Davis is (currently) analyzing the sales figures in the meeting room.
>
> (데이비스는 미팅룸에서 판매수치를 분석 중에 있다.)

◀) 동사세트 예 4: 현재완료 동사 사이. have (**부사**) pp

> 예 완료형 동사구조인 " have pp"동사 사이 부사자리
>
> Ms. Cally has (steadily) designed her training program.
>
> (켈리는 꾸준하게 자신의 훈련 프로그램을 만들고 있다.)

동사세트 사이 부사문제의 예 1(조동사 + 동사원형)

> 예 107. Jason Cosmetics will (   ) open in stores in Denver next year.

◀) 패턴: 완전한 문장이면서 동사세트(조동사 + 동사원형) 사이 부사자리

◀) 주의사항: 부사는 -ly로 끝나는 단어로서, 반드시 완전한 문장인지를 먼저 살핀다. 특히 예문처럼 "조동사 will (   ) open"동사의 세트 사이에 빈칸 부사자리로 자주 출제된다.

◀ 보기의 예

a) probable   b) probably   c) probability   d) more probable

➡ 정답: b). 빈칸 앞/뒤를 살펴야 문법의 자리를 정확하게 파악할 수 있다. 조동사 + 동사원형 사이에 빈칸이 있기에 이미 완전한 문장 사이이면서 동사와 동사 사이에 부사자리로 출제된 문제이다. 빈칸 앞의 조동사만 보고 동사원형 보기를 고르지 않도록 주의한다. 단, 비교급 문제 역시 보기가 품사문제형태로 출제되기에, 보기 중에 비교급(d번 보기)이 있다면, 우선 판단하는 습관을 들이도록 한다.

➡ 해석: Jason Cosmetics는 내년 Denver 지역에 상점들을 오픈할 것 같다.

동사세트 사이 부사문제의 예 2(수동태 문장)

> **예** 108. Submitting a reference letter is (   ) recommended for applicants.

◀ 패턴: 완전한 문장이면서 동사세트(be+pp 수동태) 사이 부사자리

◀ 주의사항: 부사는 −ly로 끝나는 단어로서, 반드시 완전한 문장인지를 먼저 살핀다. 특히 예문처럼 "be (   ) pp" 수동태 동사의 세트 사이에 빈칸 부사자리로 자주 출제된다.

◀ 보기의 예

a) high   b) highly   c) higher   d) highest

➡ 정답: b). 빈칸 앞/뒤를 살펴야 문법의 자리를 정확하게 파악할 수 있다. 3형식 수동태 문장 사이에 빈칸이 있기에, 이미 완전한 문장 사이이면서 동사와 동사 세트 사이에 부사자리 문제이다. 다만, high는 형용사 겸 부사로 사용될 수 있기에 해석상 어울리는 b) "매우, 강력하게"를 답으로 고름에 주의한다.

➡ 해석: 추천서를 제출하는 것은 지원자들에게 권고사항 중 하나이다.

동사세트 사이 부사문제의 예 3(진행형 문장)

> **예 109.** The vendors are ( ) considering using the different display booth.

🔊 **패턴:** 완전한 문장이면서 동사세트(be+ing 진행형) 사이 부사자리

🔊 **주의사항:** 부사는 –ly로 끝나는 단어로서, 반드시 완전한 문장인지를 먼저 살핀다. 특히 예문처럼 "are ( ) –ing" 현재진행형 동사의 세트 사이에 빈칸 부사자리로 자주 출제된다.

🔊 **보기의 예**

   a) current   b) currently   c) currency   d) more currently

   ➲ **정답:** b). 빈칸 앞/뒤를 살펴야 문법의 자리를 정확하게 파악할 수 있다. 3형식 능동태 현재진행형 문장 사이에 빈칸이 있기에, 이미 완전한 문장 사이이면서 동사와 동사세트 사이에 부사자리 문제이다. 따라서 정답은 b)를 고른다.

   ➲ **해석:** 상인들은 현재 다른 전시 부스를 사용하는 것을 고려 중이다.

동사세트 사이 부사문제의 예 4(현재완료 문장)

> **예 110.** Mr. Olson has ( ) operated his own company since 1999.

🔊 **패턴:** 완전한 문장이면서 동사세트(현재완료동사) 사이 부사자리

🔊 **주의사항:** 부사는 –ly로 끝나는 단어로서, 반드시 완전한 문장인지를 먼저 살핀다. 특히 예문처럼 "have ( ) operated" 동사의 세트 사이에 빈칸 부사자리로 자주 출제된다.

🔊 **보기의 예**

   a) continual   b) continually   c) continue   d) continued

   ➲ 빈칸 앞/뒤를 살펴야 문법의 자리를 정확하게 파악할 수 있다. 현재완료동사 사이에 빈칸이 있다면, 이미 완전한 문장 사이이면서 동사와 동사 사이에 부사자리로 출제된 문제이다. 따라서 정답은 동사세트 사이 부사로서 b)

⊙ 해석: Olson씨는 1999년 이래로 꾸준하게 자신의 회사를 운영해 오고 있다.

5 　시험에 나오는 부사자리. 완전한 문장 뒤 부사

부사가 동사를 꾸며줄 때 부사의 위치는 비교적 자유로운 편이다. 동사 근처(동사 앞 혹은 동사세트 사이)뿐 아니라, 문장 맨 뒤에서도 동사를 꾸며주는 부사로서 위치한다. 문장 후반부에 오는 부사자리는 3형식 기준으로 2가지 패턴이 존재한다.

• 완전한 문장 뒤 부사 예 1(능동태): 주어 동사 목적어 (**부사**)
• 완전한 문장 뒤 부사 예 2(수동태): 주어 be + pp (**부사**)

완전한 문장 뒤 부사문제의 예 1(능동태 완전한 문장 뒤 부사)

> **예** 111. All attendees should prepare their own meals (　　　　).

◐ 패턴: 완전한 문장인 3형식 능동태 문장 뒤 부사자리
◐ 주의사항: 부사는 –ly로 끝나는 단어로서, 반드시 완전한 문장인지를 먼저 살핀다. 3형식 타동사의 능동태 문장구조는 "주어 동사 목적어" 순으로 표현된다.
◐ 보기의 예
　a) separate　　b) separately　　c) separated　　d) separation
　⊙ 빈칸 뒤는 막혀 있고, 빈칸 앞에는 3형식 타동사 능동태 구조를 띄고 있다. "주어 (all attendees) + 동사(prepare) + 목적어(their own meals)". 완전한 문장 뒤 부사를 물어보는 문제이기에 "각각, 따로"의 의미를 가진 b)가 알맞다. 단, 빈칸 앞 명사가 동사의 목적어(대상)인지를 판단하여 완전한 문장 뒤 부사를 고르도록 한다.
　⊙ 해석: 모든 참가자들은 따로 그들의 식사를 준비해야 한다.

완전한 문장 뒤 부사문제의 예 2(수동태 완전한 문장 뒤 부사)

> 🔊 112. This error code should be corrected (   ).

🔊 패턴: 완전한 문장인 3형식 수동태 문장 뒤 부사자리

🔊 주의사항: 부사는 –ly로 끝나는 단어로서, 반드시 완전한 문장인지를 먼저 살핀다. 3형식인 경우 be + pp의 수동태는 완전한 문장으로 끝난 것이기에, 부사자리를 묻는 문제로써 출제가 잦은 편이다.

🔊 보기의 예

a) prompt   b) promptly   c) promptness   d) more prompt

➡ 빈칸 뒤는 막혀 있고, 빈칸 앞에는 3형식 수동태 동사인 "be corrected(고쳐져야 한다)"가 있다. 수동태동사를 이용한 완전한 문장 뒤에 빈칸이 있으므로, 부사를 답으로 고른다. 따라서 정답은 –ly로 끝나는 b)

➡ 해석: 오류가 있는 이 코드는 신속하게 수정되어져야 한다.

6 ▶ 토익부사 문법패턴. 자동사 뒤 부사

1형식 완전자동사는 목적어 없이도 "주어 동사"만으로도 완전체를 이루는 문장을 말한다. 이러한 동사는 뒤에 목적어명사가 붙지 않고, 부사가 온다. 토익에 나오는 완전자동사를 빠르게 암기하는 것이 포인트

> 예 The plane will arrive (shortly).
> (비행기는 곧 도착할 것이다.)

arrive는 자동사이기에 뒤에 목적어(명사) 대신 부사가 자리한다.

≫ 토익에 나오는 완전자동사 시리즈

토익에 나오는 자동사 스토리	Example
(사업을) 일하다, 시작하다	work, start, begin
(사업을) 접다, 끝내다	end
(사업이) 성장해 가다	grow, proceed
(사업이) 성행하다, 수익이 오르다	rise, increase
(사업이) 내려가다, 수익이 내려가다	drop, fall

자동사 뒤 부사문제의 예 1

> **예** 113-1. According to the annual analysis, our overall profits have risen
> (   ).

● 패턴: 완전한 문장이면서 완전자동사 뒤 부사자리

● 주의사항: 부사는 –ly로 끝나는 단어로서, 반드시 완전한 문장인지를 먼저 살핀다. 특히 예문처럼 완전자동사를 암기하지 못하면, 명사자리로 오인할 수 있다.

● 보기의 예

   a) dramatic   b) dramatically   c) dramatical   d) drama

  ◉ 완전자동사인 rise(오르다)는 비즈니스 영어인 토익에서 가격이나 수익의 오르락/내리락을 표현하는 동사로 자주 출제된다. 자동사는 뒤에 목적어명사가 오는 대신 부사가 오는 동사로서, 정답은 b). 수익이 얼마나 올랐는지를 꾸며주는 동사수식 부사의 대표적인 유형이다.

  ◉ 해석: 연간 분석에 따르면, 우리 회사의 전체적인 수익은 엄청나게 올랐다.

자동사 뒤 부사문제의 예 2

> **예** 113-2. The acquisition has (   ) smoothly without major problems.

- 🔊 패턴: 자동사 어휘를 물어보는 문제
- 🔊 주의사항: 자동사는 빈칸 뒤의 목적어 없이 바로 부사가 위치할 수 있기에, 해석 전 바로 답을 고를 수 있는 문제이다.
- 🔊 보기의 예

    a) proceeded   b) purchased   c) invited   d) recommended

    - ➡ 정답: a). 완전자동사는 뒤에 목적어가 없이 문장을 완성한다. 따라서 이러한 문제유형은 빈칸 뒤에 바로 부사가 위치하거나 문장이 완료되는 구조를 보인다. 보기에서 자동사는 a) "나아가다. 진행하다". 주어(acquisition. 인수)의 뜻 때문에, b) "구매하다, 인수하다"를 오답으로 고르지 않도록 주의한다. c)와 d)는 모두 주장/요구/제안/의무의 동사들이다.
    - ➡ 해석: 인수/합병은 큰 문제없이 순조롭게 진행되고 있다.

7 시험에 나오는 부사자리. 시제부사

부사의 핵심기능은 동사를 꾸며주는 것이다. 어휘문제 역시 문법을 학습했을 때 동사를 알맞게 꾸며주는 부사를 고르는 것으로 출제되는데, 이 중 동사의 시제에 따라 답이 달라지는 시제부사 문제도 자주 출제된다. 동사가 과거면 과거부사를, 미래면 미래부사를 고른다는 개념으로 이해하면서, 아래의 시제부사를 암기해 둔다.

- 보기가 부사 어휘문제. 동사의 시제를 살펴본 후, 아래의 표에 대입한다.

≫ 토익에 나오는 동사시제에 따른 부사의 예

동사시제 + 시제부사	Example
현재형(반복적인 의미의 부사)	usually(주로), commonly(공통적으로) routinely(일상적으로), periodically(정기적으로) regularly(정기적으로), always(항상)

과거형(과거를 의미하는 부사)	previously(이전에), originally(처음에) initially(처음에), recently(최근에)
미래형(미래를 의미하는 부사)	soon, shortly(곧, 곧바로)
현재완료형(과거부터 현재까지)	recently(최근에), already(이미), just(지금 막) continually(꾸준히, 지속적으로)
현재진행형(현재 하고 있는)	now, right now(지금 당장) currently(현재에)

동사시제에 따른 어휘부사(시제부사) 문제의 예 1(현재형)

> 예 114. Roger Luggage (   ) distributes a gift certificate to all employees before holidays.

● 패턴: 현재형 동사를 꾸며주는 시제부사를 찾는 문제

● 주의사항: 동사의 시제에 따라 쓰이는 부사도 다양하다. 현재형 동사는 반복적인 의미를 갖기에, 보기에서 "정기적으로, 주기적으로, 항상"의 의미를 가진 부사를 찾는다.

● 보기의 예

　a) always　　　b) recently　　　c) soon　　　d) already

　➥ 정답: a). 부사는 동사를 수식하는 것이 핵심기능이기에 부사 어휘문제는 동사를 먼저 살펴본다. 동사시제에 따른 알맞은 부사 고르기 문제. 현재형 동사(distribute. 배포하다)와 어울리는 시제부사는 a) "항상"이다. b) "최근에"와 d) "이미"는 주로 현재완료형 동사에, c) "곧, 곧바로"는 미래형 동사에 각각 쓰이는 시제부사이다.

　➥ 해석: Roger Luggage는 항상 연휴 전에 모든 사원들에게 상품권을 한 장씩 증정한다.

동사시제에 따른 어휘부사(시제부사) 문제의 예 2(과거형)

> 예 115. Marshall Equip. (   ) hired temporary representatives for the trade fair.

- 패턴: 과거형 동사를 꾸며주는 시제부사를 찾는 문제
- 주의사항: 동사의 시제에 따라 쓰이는 부사도 다양하다. 과거형 동사는 최근 및 과거에 일어난 행동을 나타내기에, 보기에서 "이전에, 최근에"의 의미를 가진 부사를 찾는다.
- 보기의 예

    a) routinely   b) recently   c) usually   d) peridocally

    - 정답: b). 부사는 동사를 수식하는 것이 핵심기능이기에 부사 어휘문제는 동사를 먼저 살펴본다. 동사시제에 따른 알맞은 부사 고르기 문제. 과거형 동사(hired. 고용했다)와 어울리는 시제부사는 b) "최근에"이다. 참고로 recently는 과거 및 현재완료 동사 모두 사용될 수 있다. 나머지 모든 보기들은 반복적인 의미의 현재형 동사 시제부사이다.
    - 해석: Marshall Equip는 무역박람회를 위해 최근 영업사원들을 임시직으로 고용했다.

동사시제에 따른 어휘부사(시제부사) 문제의 예 3(현재완료형)

> 예 116. Fred Auto has (   ) improved the assembly line to meet the growing demands.

- 패턴: 현재완료 동사를 꾸며주는 시제부사를 찾는 문제
- 주의사항: 동사의 시제에 따라 쓰이는 부사도 다양하다. 현재완료형 동사는 최근 일어난 행동 및 과거부터 현재까지 이어지고 있는 행동을 나타내기에, 보기에서 "최근에, 이미, 지금 막, 꾸준히"의 의미를 가진 부사를 찾는다.

◀ 보기의 예

　a) usually　　　b) already　　　c) shortly　　　d) previously

➡ 정답: b). 부사는 동사를 수식하는 것이 핵심기능이기에 부사 어휘문제는 동사를 먼저 살펴본다. 동사시제에 따른 알맞은 부사 고르기 문제. 현재완료형 동사(has improved. 향상시켜 왔다)와 어울리는 시제부사는 b) "이미"이다. a) "항상"은 현재형 동사, c) "곧, 곧바로"는 미래형 동사, d) "이전의"는 과거형 동사에 쓰이는 시제부사이다.

➡ 해석: Fred Auto는 늘어나는 수요를 충족시키기 위하여 이미 조립공정 라인을 향상시켜 오고 있다.

동사시제에 따른 어휘부사(시제부사) 문제의 예 4(미래시제)

　예 117. The airplane will arrive (　　　　　).

◀ 패턴: 완전한 문장인 자동사(arrive) 뒤 부사자리

◀ 주의사항: 부사 어휘문제는 개연성을 찾아 알맞은 어휘를 찾는 것 혹은 꾸며주는 품사가 동사인지 형용사인지를 파악하여 알맞은 뜻을 고르는 것이 맞지만, 동사시제에 따른 부사를 고르는 문제도 자주 출제된다. 부사 어휘문제일 경우 보기에 시제부사가 있다면, 동사의 시제부터 따져본다.

◀ 보기의 예

　a) shortly　　　b) originally　　　c) always　　　d) currently

➡ 보기는 부사 어휘문제. 시제부사가 모여 있는 문제유형이다. 동사의 시제를 살피는 것이 첫 단계. 예문의 동사시제는 미래형이므로 미래시제부사인 a) "곧, 곧바로"를 답으로 고른다. b) "원래의, 본래의"는 과거형 동사, c) "항상"은 현재형 동사(반복적인 의미), d) "현재의"는 현재진행형 동사의 시제부사일 때 답으로 고른다.

➡ 해석: 그 비행기는 곧 도착할 것이다.

학습목표 DAY 7 부사편을 공부하고 나서 부사의 문법 및 어휘 실제 기출패턴 문제들을 학습한다.

01

Employees are advised to enter their ID numbers (   ) when coming to work.

a) proper   b) properly

c) properness   d) propertied

02

Certification in the business consulting is (   ) required for all positions in Bell & AD.

a) essentiality   b) essential

c) essentially   d) essentials

03

If you want to back to work, (   ) updating your experience is necessary.

a) regular   b) regularity

c) regularly   d) regulars

04

Customer Relation Department should (   ) answer the inquiries from clients to meet their satisfaction.

a) prompt   b) promptly

c) promptness   d) prompted

05

Ms. Kennedy met (   ) with the real estate agent to obtain the property for starting her own business.

a) frequently   b) frequent

c) frequency   d) frequented

06

Due to the high demands, Fit Excercise's online nutrition program has (   ) been offered.

a) success   b) successful

c) succeed   d) successfully

07

ABO Finance will (   ) double the size of its conference room to even accommodate prospective clients.

a) near   b) nearly

c) nearest   d) nearer

08

> Cultural Entertainment has (   ) developed relationships with several broadcasting stations.

a) stead   b) steady

c) steadily   d) steadiness

09

> Tread Electronics will overcome the recession by (   ) investing in their research and development.

a) continue   b) continual

c) continually   d) continued

10

> In order to develop its new products, Conny Home Supply has worked (   ) with a number of university's research teams.

a) close   b) closed

c) closely   d) closeness

11

> Economy analysts (   ) predict that employment rates will jump 3 percent in the first half of this year.

a) caution

b) cautions

c) cautious

d) cautiously

12

If your approval needs to be processed, please fill out a customs declaration form (   ).

a) complete

b) completes

c) completed

d) completely

13

According to the recent findings, senior attorneys' wage differs (   ) based on their experience and performances.

a) respect

b) respected

c) respective

d) respectively

14

Shipping fees at SD Grocery Store are (   ) lower than other rival marts.

a) consider

b) considerable

c) considerably

d) more conserable

15

Even interns and low-level workers that (   ) were not familiar with new accounting system acquainted themselves with it after the training.

a) origin

b) original

c) originally

d) originality

16

Unlike competitor's items, General Business's new vacuum cleaner is (   ) compact and lightweight.

a) relation

b) related

c) relating

d) relatively

17

The restoration project policy of shelters in Gull Bay is (   ) sound by local enterprises' contribution.

a) financial

b) financially

c) finance

d) finances

18

At the Intergret Location, we (   ) take great pride in high quality services and meeting all specific needs for our customers.

a) definite

b) define

c) definitely

d) definition

19

If you would like to attend a National Sales Conference, please refer to the enveloped document (   ).

a) certain   b) certainty

c) certitude   d) certainly

20

> Due (   ) to your generous donation, we can help the hungry kids
> in Africa.

a) large   b) larger

c) largest   d) largely

21

> Because bulk items have been (   ) ordered, they are not allowed
> to cancel them.

a) already   b) soon

c) currently   d) routinely

22

> Once the proposal is approved by the Financial department, new in-
> centive system will begin (   ).

a) immediately   b) recently

c) responsively   d) fully

23

> It is important to check the air-conditioner's filter (   ) in order to
> prevent your respiratory health problems.

a) now

b) regularly

c) since

d) initially

24

If new employees have yet to take a 'First-Step' course, (   ) register for it first no later than upcoming Friday.

a) just

b) originally

c) clearly

d) inadvertently

25

Caroline Furniture has a plan to add a second branch in the nearby area because on-line revenues rose (   ).

a) approximately

b) eventually

c) finally

d) significantly

26

Due to the fine dust near factories, both the residents and the animals there are not (   ) safe.

a) imperatively

b) gradually

c) thoroughly

d) slightly

27

Creamy Bakery is (   ) offering new customers a 10 percent discount voucher as well as free coffee.

a) currently

b) shortly

c) usually

d) previously

28

> Tenants who want to rent an apartment should (   ) review all the terms in the contract.

a) smoothly

b) financially

c) carefully

d) briefly

29

> Once your revised contact information is submitted by Monday, it will be updated (   ).

a) namely

b) intentionally

c) overwhelmingly

d) accordingly

30

> The abandoned old city center should be (   ) demolished before the new construction project begins.

a) completely

b) plentifully

c) agreeably

d) conveniently

그냥 대충 풀지 마세요

문제풀이 전략

1단계: 맥락파악이 우선입니다.

파트6는 Mini 파트7입니다. 단순 문법/어휘문제처럼 푸는 파트5와 달리, 파트6의 시작은 지문의 맥락파악입니다. 글을 쓴 사람과 읽는 사람의 정보, 그리고 주제키워드를 찾는 것을 맥락파악이라고 합니다.

🔊 맥락파악은? 1번 문제를 풀기 전에, 혹은 문제를 풀면서...

1) 글을 쓴 사람?

2) 글을 읽는 사람?

3) 주제키워드(+ 제목)?

2단계: 앞/뒤 문장을 통해 개연성 찾기

파트6는 한 문장만을 보면서 푸는 문제가 아닙니다. 물론, 파트7처럼 문맥의 흐름을 파악하며 해석하는 것이 문제풀이의 기본입니다. 그러한 독해지문 사이에 빈칸을 두고 알맞은 단어를 고르는 것이 파트6의 문제입니다. 앞/뒤 문장 그리고 문맥의 맥락을 통해서 개연성을 찾는 것이 중요합니다.

🔊 앞/뒤 문장 개연성 찾기?

파트6의 어휘문제와 동사/시제문제에 적용

3단계: 신유형 "문장 넣기"는 삭제/소거

파트6의 신유형 문장 넣기는 각 지문에 1문제씩 출제됩니다. 기초문법과 어휘를 끝낸

뒤 풀기에는 가장 어려운 문제처럼 느껴지시죠? 이 문제의 정답은 지나치게 세부적으로 나오는 반면, 오답보기는 흐름상 어울리지 않는 것을 쉽게 걸러낼 수 있는 특징이 존재합니다. 그래서 이러한 문제는 정답을 고른다기보다, 어울리지 않는 보기를 삭제하며, 정답에 접근하는 것이 필요합니다.

🔊 먼저... 맥락파악부터 해보세요.

1) 글을 쓴 사람?
2) 글을 읽는 사람?
3) 주제키워드(＋제목)?

찾으셨나요? 그 후에 문장 앞/뒤를 보며 개연성을 찾아가면서 답을 골라보세요.

Refer to the following advertisement

Vege Catering recently introduced a 31. (   ) service to local companies. Just because some people do not have time to eat or drink in the kitchen or restaurant that does not mean that they should be able to do eat junk foods. Don't worry. That is why, for our clients, 32. (Vege Catering will begin offering packed lunch delivery service to your home or office). Our lunchboxes 33. (   ) to appeal to office workers who want to enjoy the low prices, quality and 34. (   ). Just call 02)754-4298 for more information regarding your order.

31 a) personalize   b) personalizes

  c) personalizing   d) personalized

32 a) We would like to announce merger with Kally Catering Company.

  b) In addition to offering a delivery service, Vege is specialized in special packaging system.

  c) According to the refund policy, you should bring it with original receipts.

  d) Vege Catering will begin offering packed lunch delivery services to your home or office.

33 a) will expect   b) were expected

  c) are expected   d) expecting

34 a) reception   b) convenience

  c) promotion   d) reliability

해설

01 · 정답: B)

  · 해석: 사원들은 출근할 때, 그들의 ID번호를 제대로 입력해야 한다.

  · 생각의 단계: 완전한 문장 뒤 부사자리 고르기. 블랭크 앞이 능동태의 완전한 문장이므로 부사가 들어가야 한다. 따라서 B)가 알맞은 정답

  · 기초들의 실수: 소유격 뒤 끝부분으로 명사를 고를 수도 있겠죠? 앞에 있는 ID번호는 동사(enter)의 대상(목적어)이 되므로, 완전한 문장이 성립돼요. 완벽한 문장 사이에는 부사이기에 정답은 B)

  · enter: 입력하다. properly: 적절하게, 제대로

02 · 정답: C)

  · 해석: 경영컨설팅의 자격은 Bell & AD의 모든 직책에 필수요건입니다.

  · 생각의 단계: 동사와 동사 사이 혹은 동사세트 사이에 부사를 고르는 문제. 완전한 문장상에는 부사를 고른다.

  · certification: 자격. essentially: 필수적으로

03 · 정답: C)

  · 해석: 만약 당신이 재취업을 원한다면, 당신의 경력을 정기적으로 업데이트하는 것이 매우 중요하다.

  · 생각의 단계: 동명사 역시 동사의 성질을 갖고 있는 품사로서, 앞에 부사가 오는 것이 알맞다. 따라서 정답은 C)

  · 기초들의 실수: 동사와 형용사 앞에서 수식하는 부사자리가 자주 출제되는 유형입니다. -ed와 -ing로 끝나는 단어들은 동사 혹은 형용사 혹은 준동사(분사)이기에, 앞에 -ly인 부사가 올 가능성이 높겠죠?

  · necessary: 필수 불가결한. regularly: 정기적으로

04 · 정답: B)

  · 해석: 고객관리부서는 고객만족을 위해 고객들로부터의 질문들은 신속하게 응답해야 한다.

  · 생각의 단계: 보기는 품사문제로서, 품사자리 찾기 문제. 동사와 동사 사이 부사자리 고르기이다. 완전한 문장 사이에는 부사가 들어간다. 따라서 정답은 B)

  · 기초들의 실수: 블랭크 앞만 보고 "조동사 + 동사원형"으로 착각하기 쉬워요. 동사세트 사이에는 부사라는 것을 기억해 주세요.

  · inquiry: 질문. promptly: 신속하게

05 · 정답: A)

· 해석: Kennedy는 그녀만의 새로운 사업을 시작하기 위한 부지를 구매하기 위하여, 종종 부동산중 개인을 만났다.

· 생각의 단계: meet는 자동사로 쓰이면 "만나다". 타동사로 쓰이면 "충족시키다"의 의미로 쓰인다. "부동산 중개인을 만났다"가 어울리므로 자동사로 쓰인 경우, 자동사 뒤 부사 고르기

· 기초들의 실수: 자동사의 쓰임을 모르면 명사자리로 착각하기 쉬워요. 자동사/타동사를 구별하는 어 휘학습이 필요합니다.

· real estate agent: 부동산중개인. property: 자산, 부동산. her own+명사: 그녀가 소유한. fre- quently: 자주, 종종

06 · 정답: D)

· 해석: 수요가 급증함에 따라, Fit Excercise의 온라인 영양프로그램은 성공적으로 제공되어지고 있다.

· 생각의 단계: 완전한 문장 사이 부사자리 고르기. 특히, 동사를 꾸며주는 부사자리는 동사세트 사이 혹은 동사 앞/뒤 등 비교적 자유롭게 들어갈 수 있다. 정답은 부사 D)

· due to: 때문에, demand: 수요, 요구. nutrition: 영양

07 · 정답: B)

· 해석: ABO Finances는 잠재고객들까지도 끌어들이기 위하여 회의실의 사이즈를 거의 두 배로 증 가시킬 것이다.

· 생각의 단계: 동사와 동사 사이 완전한 문장 사이에 블랭크가 있으니 부사자리 고르기. 특히 숫자를 꾸며주는 부사로 "거의"라는 뜻이 알맞다. 따라서 정답은 부사 B)

· 기초들의 실수: 숫자 앞에 쓰이는 부사를 암기했지만, 이러한 문제처럼 응용되어진 문제도 연습해야 합니다. 숫자를 의미하는 double(2배), triple(3배), half(50퍼센트) 등의 앞에도 "거의"라는 뜻의 부사가 쓰입니다.

· nearly: 거의(= approximately). prospective: 잠재적인

08 · 정답: C)

· 해석: Cultural Entertainment는 여러 방송사들과 함께 관계를 꾸준히 발전시켜 나가고 있다.

· 생각의 단계: 동사의 한 세트 사이에 블랭크가 있다면, 완전한 문장 사이에 블랭크가 있는 것이므로 부사를 고른다.

· 기초들의 실수: 토익문제는 정답으로 나온 답의 구간 이외에도 문장의 구조를 파악해 두는 것 역시 좋은 학습방법 중 하나입니다. 예를 들어, 현재완료(has developed)동사는 과거부터 이어져 오고 있 는 행동의 특징을 나타내고 있기에, c)처럼 "꾸준하게" 지속적인 의미를 꾸며주는 부사가 어울립니다.

- relationship: 관계성, 관계. broadcasting station: 방송국. steadily: 꾸준하게

09 • 정답: C)
- 해석: Tread Electronics는 꾸준히 그들의 기술 개발에 투자함으로써, 불경기를 극복할 계획이다.
- 생각의 단계: 동명사 앞에 품사를 고르는 문제. 동명사도 동사의 성질을 가지기에 앞에는 동사처럼 부사가 꾸며줄 수 있다. 따라서 정답은 부사 C)
- 기초들의 실수: 품사문제는 블랭크 앞/뒤를 보며 자리를 찾는 문제입니다. 따라서 한쪽만 보면 당연히 오답이 나오겠죠? 예를 들어, 빈칸 앞이 전치사라서 명사만을 고르려고 하면, 오답으로 빠질 위험이 있어요.
- overcome: 극복하다. recession: 불경기. invest in: 투자하다

10 • 정답: C)
- 해석: 신제품을 개발하기 위하여, Conny Home Supply는 많은 대학 연구팀들과 밀접하게 연구를 진행하고 있다.
- 생각의 단계: 완전자동사 뒤 부사자리이다. 자동사는 뒤에 목적어 대신 부사가 위치하므로, 정답은 C)
- 기초들의 실수: 자동사를 암기하지 않으면, 자칫 명사자리로 오인하여 오답을 고를 수 있습니다. 1형식 완전자동사 뒤에는 목적어가 아닌 부사가 자리합니다.
- in order to: ～하기 위하여(+동사원형). a number of: 많은 + 복수명사. research; 연구하다, 조사하다

11 • 정답: D)
- 해석: 경제분석가들은 이번 상반기의 고용률이 3퍼센트 증가할 것이라고 조심스럽게 내다봤다.
- 생각의 단계: "주어+동사+목적어" 모든 요소를 갖춘 완전한 문장 사이에 블랭크. 동사 앞 부사자리를 물어보는 문제. 따라서 정답은 D). 해당어휘는 어휘문제로도 자주 출제되는 표현이다.
- 기초들의 실수: 동사 앞에 무조건 주어가 온다고 생각하는 기초수험생들은 조심해야 할 문제. 동사 앞에는 부사도 올 수 있습니다. 블랭크 앞/뒤를 살피면, 앞에는 주어, 뒤에는 동사(predict)가 있는 것을 확인할 수 있어요. 완전한 문장 사이 및 동사 앞 부사자리를 물어보는 문제랍니다.
- anlalyst: 분석가. predict: 예상하다, 내다보다. employment rate: 고용률

12 • 정답: D)
- 해석: 절차에 관한 허가가 필요하다면, 세관신고서를 빠짐없이 작성해 주세요.
- 생각의 단계: 완전한 문장 뒤에 부사자리를 고르는 문제
- 기초들의 실수: 동사의 목적어자리와 완전한 문장 뒤 부사자리를 구별할 수 있어야 하는 문제입니다.

앞의 명사가 있다면, 그 명사가 동사의 목적어 역할을 하는지 확인해 볼 필요가 있는 문제예요. 앞의 명사인 form(양식서)은 동사 fill out(작성하다, 빈칸을 채우다)의 목적어 역할을 하기에 완전한 문장 뒤 빈칸인 것을 알 수 있어요. 따라서 완벽한 문장 뒤 부사자리

- approval: 허락, 허가. fill out: 작성하다, 빈칸을 채우다. customs declaration form: 세관신고서

13 • 정답: D)

- 해석: 최근 연구조사에 따르면, 시니어 변호사들의 연봉은 그들의 경력과 수행능력에 따라 각각 다른 것으로 나타났다.
- 생각의 단계: 자동사 뒤 부사를 고르는 문제. differ(다르다)는 자동사로서, 목적어가 필요없는 동사이다. 따라서 완전한 문장 사이 및 자동사 뒤 부사를 고르는 문제이다. 따라서 정답은 D)
- 기초들의 실수: 자동사를 암기하지 않으면, 억지로 명사를 찾다가 A)로 오답을 고를 수 있음에 주의해야 해요.
- according to: (내용)에 따르면. findings: 연구조사(결과물). attorney: 변호사. differ: 다르다. respectively: 각각, 제각각. performance: 수행능력, 공연(토익에서는 공연보다 수행능력의 의미로 자주 출제된다.)

14 • 정답: C)

- 해석: SD Grocery Store의 배송비는 다른 라이벌 마트들보다 훨씬 낮다.
- 생각의 단계: 비교급은 1음절일 때 기본적으로 형용사 후미에 + -er를 붙여 만든다. 따라서 형용사 역할을 하는 것이 비교급이다. 형용사 앞 부사자리. 물론 완전한 문장 사이 부사자리이기도 하다. 따라서 정답은 C)
- 기초들의 실수: 블랭크 뒤에 than을 보고 D)를 고르지 않도록 주의합니다. 이미 블랭크 뒤에 "형용사+er" 형태의 비교급이 존재합니다. 따라서 더 이상 비교급은 들어갈 수 없는 상태. 다만, 보기 중에 비교구문이 하나라도 있다면, 먼저 확인하는 습관은 좋은 것입니다. 왜냐하면, 비교구문이 정답일 때에도 보기는 일반품사문제(동사, 부사, 형용사, 명사 자리 구별하기)처럼 나오기 때문입니다.
- shipping fee: 배송비. considerably: 상당하게

15 • 정답: D)

- 해석: 새로운 회계시스템에 대하여 잘 알지 못하던 하위 연차의 사원들 및 심지어 인턴들도 트레이닝 이후에는 스스로 잘 숙지하게 되었다.
- 생각의 단계: 관계대명사 that은 who나 which를 대신하여 주격관계대명사로 쓰인다. 주격관계대명사는 뒤에 동사가 오기에 were 앞 부사자리라는 것을 알 수 있다.
- 기초들의 실수: that은 명사절로만 쓰이지 않고, 관계대명사의 주격으로서, who와 which를 대신하기도 합니다.

- familiar with: ~을 잘 숙지하다. acquaint: 숙지하다

16 · 정답: D)
- 해석: 다른 경쟁사들의 제품들과는 달리, General Busniess의 새로운 진공청소기는 비교적 소형이며 가볍다.
- 생각의 단계: 2형식 주격보어 형용사 앞 부사자리를 고르는 문제. unlike(~와 달리)가 비교의 의미를 지니고 있기에, 부사 역시 비교를 나타내는 어휘라는 것도 알아둔다.
- 기초들의 실수: 2형식 주격보어 자리를 파악하지 못하면, 품사를 고르지 못할 수도 있습니다. be동사 뒤에 관사나 소유격이 없다면, 주격보어는 형용사로 쓰이는 토익의 패턴도 기억해 두세요.
- unlike: ~와 달리. relatively 비교적으로

17 · 정답: B)
- 해석: Gull Bay 지역 피난처의 복구작업 프로젝트는 지역 기업들의 기부로 인하여 재정적으로 탄탄하다.
- 생각의 단계: 2형식 주격보어인 형용사(sound) 앞 부사자리 고르기 문제. 따라서 정답은 B)
- 기초들의 실수: 2형식 주격보어의 구문을 정확히 파악하지 못하면, 자칫 sound를 명사(소리, 사운드. 음질 등)로 오인하여, 빈칸을 형용사로 잘못 고를 수 있어요.
- shelter: 피난처. sound: 튼튼한, 탄탄한. contribution: 기여. 기부

18 · 정답: C)
- 해석: Intergret Location에서는 고객님들에게 최상의 서비스를 제공함과 동시에 모든 특별한 요구들을 충족시킬 수 있는 것을 자랑으로 여깁니다.
- 생각의 단계: 주어, 동사 사이에 완전한 문장이자 동사 앞을 꾸며주는 부사자리를 고르는 문제. 따라서 정답은 C)
- 기초들의 실수: 동사 앞에 부사자리를 묻는 문제가 자주 출제되는 것은 맞지만, 항상 블랭크 앞/뒤를 살펴 자리를 파악하는 습관이 중요합니다. 동사 앞은 주어명사일 수도 있기 때문이죠.
- meet: 충족시키다(타동사). specific: 특별한. need: 요구

19 · 정답: D)
- 해석: 만약 국제 영업 콘퍼런스에 참여하고 싶으시다면, 동봉된 서류를 확실하게 참고해 주세요.
- 생각의 단계: 완전한 문장 뒤 부사자리 고르기. 문장 맨 뒤에 자리하는 부사는 문장의 동사를 수식해준다.
- 기초들의 실수: 관사 뒤의 명사를 고르는 문제로 착각하기 쉬워요. 이런 경우, 완전한 문장 뒤에 부사도 올 수 있다는 사실을 기억해 둔다면, 명사목적어 자리인지 vs 완전한 문장 뒤 부사자리인지를

구별하는 정도까지 접근할 수 있을 거예요. 앞의 명사는 동사 refer(참고하다)의 목적어로 쓰였으므로, 완전한 문장 뒤 부사자리입니다.

- attend: 참석하다. refer: 참고하다. enveloped: 동봉된, 첨부된. certianly: 확실하게

20 • 정답: D)
- 해석: 당신의 관대한 기부금 덕택이 없었다면, 우리는 아프리카의 굶주린 아이들을 도와줄 수 없었을 거예요.
- 생각의 단계: Due to(~ 때문에) 사이에 블랭크가 있는 문제. 완전한 문장 사이 부사자리이므로 정답은 D)를 고른다.
- 기초들의 실수: 완전한 문장 사이에는 부사라는 공식을 암기해 두세요.
- generous: 관대한. donation: 기부. hungry: 배고픈, 굶주린

21 • 정답: A)
- 해석: 대량주문이 이미 진행 중이기 때문에, 취소는 되지 않습니다.
- 생각의 단계: 부사 어휘문제. 개연성을 찾는다. 부사는 해석을 하기 전, 동사를 꾸며주는 특성으로 인하여, 동사의 시제와 어울리는 시제부사를 먼저 찾는다. 문장의 동사는 현재완료. 현재완료와 어울리는 시제부사는 A) "이미"이다.
- already: 이미. allow: 허락하다, 허가하다

22 • 정답: A)
- 해석: 일단 재정부의 허락이 받아진다면, 새로운 인센티브 시스템은 즉시 시작될 것이다.
- 생각의 단계: 보기는 부사 어휘문제. 개연성 찾기. 시간/조건의 부사절접속사 ONCE(일단 ~하면)의 의미를 살린다면, 새로운 프로그램이 "곧, 곧바로, 즉시, 신속 정확하게" 시작될 것임을 의미하는 문장이다. 따라서 정답은 A)
- proposal: 제안, 제안서. immediately: 즉시

23 • 정답: B)
- 해석: 당신의 호흡기 질환관련 문제점들을 예방하기 위하여 에어컨의 필터를 정기적으로 점검해 주는 것이 중요합니다.
- 생각의 단계: 보기는 어휘 부사 문제. 현재형 혹은 당위성을 강조하는 명령문에서는 B)처럼 "정기적으로"의 의미가 자주 쓰인다. "정기적인 점검을 하시오."
- prevent: 예방하다, 막다. respiratory: 호흡기의

24 • 정답: A)

- 해석: 아직도 'First-Step'코스를 수료하지 않은 신입사원들은 늦어도 돌아오는 금요일까지 해당코 스를 빨리 등록해 주세요.
- have yet to부정사: 아직 ~하지 않았다. no later than: 늦어도 ~까지. just: 지금 막, 꼭

25 · 정답: D)
- 해석: Caroline Furniture는 최근 온라인상 엄청난 수익의 증가로 인하여, 근처 지역에 2번째 분점 을 오픈할 계획을 가지고 있다.
- 생각의 단계: 자동사(rise) 뒤 부사 어휘문제이다. 토익은 비즈니스 영어이기에 모두 사업/판매관련 스토리가 주를 이룬다. 일반적으로 revenue(수익), profit(수익), sales figure(판매수치) 등과 같은 돈에 관련된 주어일 때 오르락(rise, increase)/내리락(drop, fall) 등의 자동사를 사용한다. 얼마만 큼 수익이 올랐는지를 물어보는 이유의 부사절 문제. 분점을 추가할 계획이니 상승폭이 크다는 것을 알 수 있다. 따라서 정답은 D)
- plan to: ~할 계획(+동사원형, to부정사). nearby: 근처에. revenue: 수익. siginificantly: 상당 하게. eventually: 결국

26 · 정답: C)
- 해석: 근처 공장의 미세먼지 때문에, 지역 주민들 및 동물들까지도 완전히 안전하지는 않습니다.
- 생각의 단계: 보기는 부사 어휘문제. 개연성을 찾는다. 이유의 부사구(Due to) 뒤의 내용이 환경오 염을 뜻하는 미세먼지에 대한 언급이 있으므로, 해당지역은 안전하지 않음을 말하고 있다. 따라서 해석상 어울리는 C)가 정답(완전히 안전하지는 않다.)
- fine dust: 미세먼지. resident: 거주자. imperativle: 중요하게. gradually: 점점. thoroughly: 완 전하게

27 · 정답: A)
- 해석: 현재 Creamy Bakery는 신규고객들에게 10퍼센트 할인뿐 아니라 무료커피도 제공하고 있는 중이다.
- 생각의 단계: 현재완료형 동사 사이에 부사어휘 고르기 문제. 부사는 동사를 꾸며주는 것이 핵심이기 에 동사시제와 어울리는 문제가 많다. 동사시제가 현재진행형(is offering)과 어울리는 시제부사는 A) "현재의"가 어울린다. 이와 비슷한 시제부사로는 now, right now 등이 있다.
- as well as: A뿐 아니라 B도

28 · 정답: C)
- 해석: 아파트먼트를 임대학고 싶은 세입자들은 반드시 계약서의 모든 조항들을 주의 깊게 검토해야 합니다.

- 생각의 단계; 부사 어휘문제. 개연성을 찾는다. 전세계약을 원하는 세입자들이 계약서를 "어떻게" 검토해야 하는지를 물어보는 문제. C) "주의 깊게"가 어울린다.
- rent: 빌리다. tenant: 세입자. terms: 계약서의 조항들. contract: 계약서

29
- 정답: D)
- 해석: 우선 당신의 수정된 연락처가 월요일까지만 제출되어지면, 그것에 따라서 업데이트되어질 것입니다.
- 생각의 단계: 부사 어휘문제로서 개연성을 찾는다. 문장에 부사절접속사가 있다면, 답의 단서로 활용하는 데 큰 도움이 된다. 부사절접속사인 once는 "우선 ~하면"의 뜻으로서, 주절이 시간순서 및 그에 따른 순차적 진행의 의미가 담긴다(once는 시간/조건의 부사절접속사). 따라서 D) "그에 맞게, 그것에 따라서"와 잘 어울린다.
- 기초들의 실수: 부사가 동사를 꾸며주는 것은 맞지만, 어휘문제의 경우 가까이 있는 동사의 뜻만 보고 답을 고르지 못하는 문제가 많아요. 문장 전체 그중에서도 부사절접속사나 부사구의 표현들을 이용하는 습관을 가져보세요.
- once: 우선(일단) ~하면. submit: 제출하다. accordingly: 그에 따라서. intentionally: 고의적으로. overwhelmingly: 압도적으로. namely: 즉

30
- 정답: A)
- 해석: 오래된 버려진 시청건물은 새로운 건설프로젝트가 시작하기 전까지 완전하게 부수어야 합니다.
- 생각의 단계: 부사 어휘문제로서 개연성을 찾는다. 부사절접속사인 before를 살펴보면, 새로운 건설프로젝트가 시작 전까지, 예전의 버려진 건물을 "어떻게" 하는지 물어보는 문제이다. 따라서 "완전하게 부수다."가 어울리므로 정답은 A)
- abandoned: 버려진. demolish: 부수다. conveniently: 편리하게

해석과 맥락파악. 정답과 해설

Vege Catering은 최근 지역 기업들에게 고객맞춤형 서비스를 발표했습니다.
음식점이나 부엌에서 제대로 된 식사나 음료를 마실 시간이 없다고 해서, 꼭 정크푸드를 먹어야 하는 것을 의미하지는 않습니다. 걱정하지 마세요. 우리 고객들을 위하여 저희가 있으니까요. Vege Catering은 여러분의 집과 회사로 포장된 양질의 도시락을 제공할 예정입니다. 저희 런치박스는 낮은 가격에 퀄리티를 갖추면서도 신뢰할 수 있는 도시락을 원하던 직장인분들에게 인기를 끌 것이라고 예상합니다. 지금 02)754-4298로 연락주세요. 더 많은 정보와 주문관련 정보를 말씀드리겠습니다.

1) 글을 쓴 사람? Catering(출장외식업체)

2) 글을 읽는 사람? 지역 기업 및 거주자 잠재고객

3) 주제키워드(+제목)? 새로운 도시락 서비스 홍보. 특징/장점 소개

---

31 • 정답: d)

• 해설: 명사 앞 형용사자리로서, 보기에서 형용사는 분사형 형용사인 c)와 d)를 남긴 후에 구별. 일반적으로 명사가 사물(service)인 경우, "~되어진"으로 해석되기에 d) "개인별로 맞춤되어진"이 어울린다.

---

32 • 정답: d)

• 해설: 신유형 문제 중 하나인 문장 넣기는 정답을 고르는 것뿐 아니라, 삭제/소거를 통해 정답에 접근하는 것이 중요하다. 정답은 매우 세부적인 것에 비해, 흐름상 어울리지 않는 오답은 비교적 확실하게 보이기 때문이다. 광고지문이기에 새로운 서비스에 관한 홍보와 특징들을 소개하는 구문으로, 인수/합병을 언급하는 a)번 보기나 배송과 포장서비스를 전문으로 한다는 b)는 도시락전문업체의 광고지문과는 전혀 상관이 없는 보기이다. 새로운 도시락 서비스를 말하는 d)번이 Catering(출장외식업체)의 광고지문 스토리와 일맥상통하기에 정답은 d)를 고른다.

---

33 • 정답: d)

• 해설: 주어는 사물(lunch box)이고 블랭크 뒤에는 목적어가 없기에 수동태 동사가 어울린다. 보기에서 수동태동사는 b)와 c)를 남긴 후에 구별. 앞 문장에서 서비스가 실시될 예정이기에 미래적 의미인 c) "예상/기대되어지는"이 정답에 어울린다. 단, 파트6의 동사문제는 파트5와 달리 보기를 해석하여 문장(문맥)의 흐름에 따라 시제를 유추해야 하는 문제가 많다. 지금 문제 역시 새로운 서비스를 소개하지만, 아직 실시되지 않은 서비스라는 것을 문맥에서 확인할 수 있다.

---

34 • 정답: d)

• 해설: 광고지문의 특징 중 하나가 홍보하는 물품이나 서비스의 장점/특징 등을 말하는 것이다. 긍정적인 미래의 계획을 말하면서, 양질의 도시락을 찾고 있는 잠재고객들을 언급하고 있기에, d) "믿음, 신뢰"가 정답에 어울린다.

동사의 기본시제

학습목표 토익시험에 나오는 동사의 기본 시제를 학습한다.

실전적용 파트5에서 동사 문제를 풀기 전 반드시 알아야 할 시제패턴 정리

● 토익에서 동사문제는?

토익 파트56에서 동사는 품사문제(4~5문제)와 어휘문제로 나뉘게 됩니다.

동사문제는 단순한 시제를 고르는 기초문제보다는 단계별 접근을 통해 알맞은 동사를 고르는 문제가 많습니다. 또한 동명사나 분사를 고르는 문제 역시 동사처럼 보이는 보기의 특징을 지니고 있기에, 동사자리를 확실히 파악하고, 지금까지 공부한 명사/형용사/부사 자리 역시 확실하게 파악해야 합니다. 준동사가 정답인 문제는 동사/부사/형용사/명사자리가 아닌 경우이기 때문입니다. 따라서 토익 실제시험에 출제되는 동사 문법의 자리패턴을 먼저 학습한 후, 시험에 나온 동사패턴 변형 문제로 실제시험처럼 연습해 보는 것을 목표로 합니다. DAY 8부터는 토익에 나온 모든 출제패턴을 문제로 담았습니다.

1 토익시험에 나오는 동사문법패턴 모조리 익히기

각 동사시제들의 기준을 먼저 정리한다(기초시제).

◐ 현재형 동사의 기준: 반복적인 습관

현재형 동사는 현재 일어나고 있는 일이나 행동이 아닌 반복적이고 습관적인 일을 나타낼 때 쓰이는 동사입니다. 동사원형형태를 쓰며, 주어와 동사 수일치에 주의해야 합니다.

> **예** every day, annually, weekly, routinely, periodically, always 등과 DAY 6. 시제부사에서 공부한 현재형시제부사
>
> I **check** my e-mail **everyday**. (나는 매일 이메일을 확인한다.)

◐ 과거형 동사의 기준: 예전의 일을 표현하고자 할 때

과거형 동사는 예전에 일어났던 일이나 행동을 말하고자 할 때 쓰이는 동사로서, −ed형태를 주로 쓰며, be동사 과거는 was, were로, have동사 과거는 had로 표현합니다.

> **예** 2days ago, last year, yesterday 등과 DAY 6에서 공부한 과거형시제부사
>
> I **checked** my e-mail **yesterday**. (나는 어제 이메일을 확인했다.)

◐ 미래형 동사의 기준: 아직 일어나지 않거나 미래를 표현하고자 할 때

① 미래형 동사는 아직 일어나지 않았거나 앞으로 있을 일이나 행동을 말하고자 할 때 쓰이는 동사로서, will, can, may, should와 같은 동사로 표현합니다. 이들 조

동사 뒤에는 동사원형을 씁니다.

> **예** next week, tomorrow, 2days later 등과 DAY 6에서 공부한 미래형시제부사
> I **will check** my e-mail **tomorrow**. (나는 내일 이메일을 확인할 것입니다.)

② 시간/조건 부사절접속사의 시제일치 예외

일반적으로 부사절은 주절의 시제와 같이하지만 if나 when 같은 시간/조건 부사절접속사는 주절이 미래를 나타낼지라도 미래형 대신 현재형이나 현재완료형 동사를 써야 하는데, 이것을 시제일치의 예외라고 합니다. 즉, 시간/부사절 접속사 뒤의 동사가 현재형(혹은 현재완료형)이면 주절이 미래형인 구문이 됩니다.

- 시간/조건 부사절접속사 + 현재형/현재완료형, 주절의 동사는 미래형

if, when, before, after, once, until, as soon as 등 시간/조건 부사절접속사

> **예** 1) If you **have** a question, **please** call me back. (질문이 있으시다면 전화해 주세요.)
> 2) **Once** you **submit** the application form to the HR department, we **will contact** you. (일단, 당신이 지원서를 인사부로 보내면, 우리가 연락을 드릴 것입니다.)

🔊 현재완료형 동사의 기준: 과거부터 현재까지의 상태를 표현할 때

현재완료형 동사는 과거부터 지금까지 계속되고 있거나 완료된 일이나 행동을 말하고자 할 때 쓰이는 동사로서, have(has) pp로 표현합니다.

> **예** 1) since(~이래로) 주어 **과거동사**, 주어 **현재완료동사**
>
> 2) in, over, for, during + the last(past) 기간 : ~**하는 동안**
>
> 3) already, recently, just 등 DAY 6에서 공부한 현재완료형 시제부사
>
> I **have checked** my e-mail **in the last 7 days**.
>
> (나는 지난 7일 동안 이메일을 확인해 오고 있다.)

◑ 현재진행형 동사의 기준: 지금 하고 있는 상태를 표현할 때

현재진행형 동사는 지금 당장 혹은 현재 진행 중인 일이나 상황을 표현할 때 쓰는 동사로서, is(are) + -ing로 표현합니다.

> **예** currently, now 등의 부사와 함께 표현됩니다.
>
> I **am currently checking** my e-mail. (나는 지금 이메일을 확인 중입니다.)

◑ 과거진행형 동사의 기준: 과거 특정시점에서 하고 있던 상태를 표현할 때

과거진행형 동사는 과거의 특정 어느 시점에서 하고 있던 일이나 행동을 표현할 때 쓰이는 동사로서, was(were) + -ing로 표현합니다. 특정 과거 시점의 언급이 필요함

> **예** I **was checking** my e-mail when you called me. (당신이 전화했었을 때, 나는 이메일을 확인 중이었다.)

◑ 과거완료형 동사의 기준: 과거부터 과거까지의 상태를 표현할 때

과거완료형 동사는 과거에 시작하여 과거에 완료된 일이나 행동을 표현할 때 쓰이는 동사로서, had pp로 표현합니다. 과거에 완료된 일이라면, 더 과거에 시작했던 그

시점이 과거완료 시점입니다. 예를 들어, 2006년부터 시작한(과거완료) 일이 2010년에 끝(과거)난 일인 경우, 2006년의 시제를 과거완료(had pp)로 표현하면 됩니다. 토익시험에는 before, after, until by the time을 이용하여 다음과 같은 공식이 성립됩니다.

① **부사절접속사 before** 주어 동사(**과거**), 주절의 주어 동사(**had pp**)
➡ 과거보다 더 전에 일어난 일이 주절의 시제(had pp)

② **부사절접속사 after** 주어 동사(**had pp**), 주절의 주어 동사(**과거**)
➡ 어느 특정 시점(had pp)보다 후에 일어난 일이 과거인 경우

③ **부사절접속사 until** 주어 동사(**과거**), 주절의 주어 동사(**had pp**)
➡ 과거시점까지 했던 일이 주절의 시제(had pp)

④ **By the time:** 아래 시제설명 참조

> **예** I **had checked** my e-mail **before** you **called** me. (당신이 전화했었던(과거) 그 전에, 나는 이메일을 확인했었다(더 과거, 이 시점이 과거완료).

미래완료형 동사의 기준: by the time

미래완료형 동사는 미래시점까지 도달해야 완료될 일이나 행동을 표현하고자 할 때 쓰이는 표현으로서, will have pp로 표현합니다. 토익에서는 오답의 미래형으로 자주 출제되는 시제로서, 부사절접속사 by the time(~까지) 뒤에 동사가 현재형인 경우에만 정답으로 출제되는 시제가 바로 미래완료입니다. 정답보다는 오답의 기준으로 자주 출제된다는 점과 아래의 토익출제유형을 암기해 두세요.

① by the time 주어 동사(**현재/현재완료형**), 주절의 주어 동사(**will have pp**)
➡ 미래시점까지(by) 해야 할 행동을 의미하기에 주절의 동사는 미래완료

② by the time 주어 동사(**과거**), 주절의 주어 동사(<u>had pp</u>)

➡ 과거사점까지(by) 했었던 행동을 의미하기에 주절의 동사는 과거완료

예 by the time 주어 동사(현재형), 주절의 주어 동사(미래완료, will have pp)

I will have checked my e-mail by the time you call me.

(당신이 전화할 때까지 나는 이메일을 확인할 것이다.)

동사실전 1

학습목표 토익시험에 나오는 동사 판단 및 수일치, 수동태/능동태 구별

실전적용 파트5에서 동사문제의 단계별 접근법

---

1 ▶ 1단계: 동사인지 아닌지부터 판단

토익에서 동사는 보기만 하고 동사인지를 판단할 수 있는 문제는 드물다. 보기 4개가 모두 동사이지 않는 한, 동사인지 아닌지부터 판단해야 한다. to부정사나 동명사와 같은 준동사가 정답일 경우에도 보기는 동사처럼 보이기 때문이다.

◀) 토익에서 동사문제가 100퍼센트인 경우의 예

  a) will play   b) palys

  c) have played   d) is playing

➔ 위의 보기처럼 보기가 모두 정동사인 경우는 동사문제로 출발하면 된다. 다만, 이러한 경우보다는 동사가 아닌 보기가 섞여 있어서 우선적으로 동사인지 아닌지를 구별해야 하는 문제가 많다는 점과 동사문제라 하더라도 단순하게 시제를 찾아 답을 고르는 문제보다는 단계별 접근을 통해 푸는 동사문제가 출제됨에 유의한다.

🔊 토익에서 동사 혹은 준동사(동명사, 분사, to부정사) 문제의 보기 예

   a) will play   b) plays

   c) to play   d) have played

➲ 보기를 보면, 얼핏 무조건 동사처럼 보이지만 a) 미래형 동사와 b) 현재형 동사 그리고 d) 현재완료형 동사 보기는 동사이지만, c)는 to부정사로서 동사가 아니다. 따라서 문장에서 동사인지 아닌지를 판단하고, 동사라면 a)와 b), c)를 남기고, 동사자리가 아니라면 곧바로 c)를 고르면 된다. 보기 4개가 모두 동사가 아니라면, 자리판단이 우선인 것을 반드시 기억해 둔다.

1step: 동사 vs 준동사 구별

> **예 Because Mr. Kim (**   **) baseball now, he can not get your phone.**

a) will play   b) plays

c) to play   d) have played

➲ 동사판단의 기준은 "접속사 개수 + 1 = 동사의 개수" 공식을 이용한다.

문장에서 부사절접속사 because(~때문에)가 있기에, "접속사 개수 1 + 1 = 동사의 개수 2"라는 공식에 적용하여 2개의 동사가 있어야 한다. 문장에서 빈칸을 제외하면, 주절의 동사 can 하나뿐이다. 따라서 빈칸은 동사자리. 보기에서 동사가 아닌 to부정사 c)는 삭제한다.

• 동사판단 기준: "접속사 개수 + 1 = 동사의 개수" 공식을 이용

2 ▶ 2단계: 수일치 판단

동사자리가 확실하다고 판단된 경우, 처음부터 시제를 찾거나 태를 구별하여 답을 고르지 말고, 수일치부터 출발하면 오답을 줄일 수 있다. 기본적인 수일치를 학습하고, 위의 예문에 다시 대입해 본다.

➡ 주어가 단수인 경우 단수동사

① 단수동사: 주어가 단수인 경우 나(I)를 제외하면, 동사에 −s를 붙이는 것이 단수동사의 기준이다.

> 예 is, was, has, does, plays(일반동사)

② 수일치 예외: 주어가 단수/복수 상관없이 조동사 혹은 일반동사 과거, have동사의 과거 had는 주어와 동사 수일치에 무관하니 보기에서 남겨두어야 한다.

> 예 will, can, may, would, could, might, should, must 등의 조동사
> 일반동사 과거 −ed와 had(have동사 과거)

➡ 주어가 복수인 경우 복수동사

① 복수동사: 주어가 복수인 경우 −s가 붙은 동사들은 제외하고, 다음의 기초적인 복수동사들을 암기해 둔다.

> 예 are, were, have, play(일반동사) 등

123

② 수일치 예외: 주어가 단수/복수 상관없이 조동사 혹은 일반동사 과거, have동사의 과거 had는 주어와 동사 수일치에 무관하니 보기에서 남겨두어야 한다.

> **예** will, can, may, would, could, might, should, must 등의 조동사
>
> 일반동사 과거 -ed와 had(have동사 과거)

2step: 주어와 동사 수일치 구별

> **예** Because Mr. Kim (   ) baseball now, he can not get your phone.

a) will play   b) plays
c) to play   d) have played

➡ 1단계에서 동사로 판단. 2단계 수일치부터 출발한다. 예문의 주어는 3인칭단수(Mr. Kim)이기에 -s가 붙은 단수동사인 b)를 남기고, 수일치에 영향을 주지 않는 조동사인 a)도 같이 남긴다. 또한, 복수동사인 d) "have played"는 주어가 복수인 경우에만 사용할 수 있기에 삭제하고 다음 단계로 출발한다.

• 동사판단 기준: 1단계: 동사판단 → 2단계: 주어/동사 수일치

3 3단계: 수동태/능동태 판단

동사자리가 확실하다고 판단된 경우, 2단계는 수일치로 그리고 3단계인 다음 단계는 동사의 태(수동태 vs 능동태)를 판단하는 것으로 단계를 옮긴다. 특히 토익에서는 수동태로 만들지 못하는 동사는 보기에 표현하지 않는다(1형식과 2형식 등 수동태로 만들지 못하여 문법에 어긋나는 부분을 보기에 나타내지 않음). 기본적인 수동태/능동태를 점

검하고 위의 예문을 통해 3단계에 대입해 본다. 토익에서의 태 구별은 3형식과 4형식 문제가 출제된다.

➡ 3형식 동사의 수동태

수동태는 be + pp로 표현하는 동사의 태로서, 뒤에 목적어명사가 자리하지 않고, 부사 혹은 문장이 끝나게 된다. 주로 주어가 사물인 경우가 많다. 동사의 세트가 비교적 긴 경우에 대비하여, 수동태를 구별하는 간단한 예문을 통해 학습해 보자.

◀ 동사세트 뒤의 2개 형태로 수동태를 판단할 수 있다.

> 예 1) is played: 수동태동사의 기본 be + pp
> 2) are being played: 현재진행형의 수동태 is being pp
> 3) have been played: 현재완료형의 수동태 have been pp
> 4) will be played: 조동사 + 동사원형의 수동태. will be pp

⊙ 위의 수동태 동사들은 뒤에 목적어 없이 막히게 된다.

➡ 3형식 동사의 능동태

능동태는 be + pp로 표현하는 동사를 제외한 나머지 모든 동사를 말하며, 뒤에 목적어 인 명사가 반드시 위치한다.

◀ 동사세트 뒤의 2개 형태로 수동태를 판단할 수 있다.

> 예 1) is playing + 명사: 현재진행형 be + -ing 뒤에 목적어명사
> 2) will play + 명사: 조동사 + 동사원형으로써 will + 동사원형 뒤에 목적어명사
> 3) have played: 현재완료형의 능동태 have pp 뒤에 목적어명사

⊙ 위의 능동태 동사들은 뒤에 목적어명사가 반드시 위치한다.

➡ 4형식 동사의 특징

4형식 동사는 수여동사(주다)로서 목적어가 2개 연달아 동사 뒤에 붙는 특징이 있다.

4형식 동사	Example
주다(누구에게 무엇을)	give, send, offer, award, grant

➡ 4형식 동사의 능동태

4형식 동사는 간접목적어(사람)와 직접목적어(사물)가 뒤에 연달아 붙는 특징이 있다. "주어 + 4형식 동사 + 사람(간접목적어) + 사물(직접목적어)" 공식을 암기해 둔다.

> **예** I will **give you the present**.(나는 당신께 선물을 드릴 것입니다.)

4형식 동사 give. 그 뒤에 you(간접목적어). the present(직접목적어) 연달아 붙음

➡ 4형식 동사의 수동태 1(사물주어)

4형식 동사를 수동태로 표기하는 경우, 2차 직접목적어(사물)가 주어로 오는 수동태는 3형식과 유사한 특징이 있다. 목적어가 없음

> **예** The **present** will **be given** to you.(그 선물은 너에게 주어질 것이다.)

주어가 사물일 때(present) 4형식 동사 give의 수동태. "주어지다"의 의미가 되므로 3형식처럼 목적어가 붙지 않음

➡ 4형식 동사의 수동태 2(사람주어)

4형식 동사를 수동태로 표기하는 경우, 1차 간접목적어(사람)가 주어로 오는 수동태는 뒤에 사물목적어가 남는 특징이 있다.

> **예** You will **be given** the present.(당신은 선물을 받을 것이다.)

4형식 구문에서의 간접목적어가 주어로 수동태구문을 표기하면, 뒤에 직접목적어가 남는다.

126

3step: 수동태 vs 능동태 구별

> **예** Because Mr. Kim (   ) baseball now, he can not get your phone.

a) will play   b) plays

c) to play   d) have played

e) 예문보기 추가: has been played.

➡ 1단계에서 동사로 판단하여 c)를 삭제. 2단계 수일치로 d) 삭제. 그리고 3단계는 동사의 태를 구별한다. 빈칸 뒤에 목적어명사인 baseball(야구)이 있기에, 수동태동사인 c)는 삭제한다. 일반적으로 주어가 사물인 경우 "~되어지다"의 수동적인 의미로 해석될 때 수동태를 사용하고, 지금처럼 주어가 사람인 경우 직접 동사를 행할 수 있기에 동사의 대상인 목적어가 뒤에 위치하게 되는 것을 능동태동사라고 한다. 따라서 a)와 b)를 남기고 시제의 단서를 찾아 떠난다.

• 동사판단 기준: 1단계: 동사판단 → 2단계: 주어/동사 수일치 → 3단계: 수동태/능동태 판단

4 ▸ 4단계: 시제판단

동사문제를 풀 때 기초수험생들이 저지르는 실수 중 대표적인 2가지는 무조건 동사문제로 출발하는 것과 무조건 시제의 단서만을 먼저 찾는 것들이다. 시제의 판단은 DAY 8에서 기본적인 것을 다루고 있지만, 동사문제의 가장 마지막 판단기준이라는 것을 잊지 말자.

4step: 시제판단 그리고 동사문제의 접근법 완성

> **예** Because Mr. Kim (   ) baseball now, he can not get your phone.

a) will play   b) plays

c) to play   d) have played

e) has been played.

🔊 1단계 동사판단: 접속사 개수 + 1 = 동사개수. because라는 접속사가 있기에 빈칸은 동사자리. 동사가 아닌 to부정사 c)는 삭제한다.

🔊 2단계 주어와 동사 수일치: 주어는 3인칭단수이기에 복수동사인 d)는 삭제한다.

🔊 3단계 수동태와 능동태 구별: 주어가 사람이고 빈칸 뒤에 목적어가 있으므로, 수동태 동사인 e)는 삭제한다.

🔊 4단계 시제판단: 남은 미래형 동사 a)와 현재형 동사 b)를 두고 마지막 구별. 시제의 단서는 빈칸 뒤 끝부분에 now라는 현재형 동사의 기준이 있다. 따라서 정답은 b)

DAY 10

동사실전 2

학습목표 토익시험에 나오는 준동사(동명사, 분사, To부정사) 익히기

실전적용 파트5에서 동사문제의 단계별 접근법과 더불어 준동사 문제 패턴 익히기

❷ 동사가 아닌 경우(준동사 고르기)

동사문제는 보기로 100퍼센트 판단할 수 없다. 동사뿐 아니라 to부정사와 분사 등이 정답인 경우에도 문제의 보기는 동사처럼 보이기 때문이다. 따라서 보기가 모두 동사가 아니라면 동사인지 아닌지를 따져보고, To부정사와 분사 등 준동사가 답인 경우를 학습해 본다.

1 To부정사의 이해

To부정사란? 전치사가 아닌 to 뒤에 동사원형 + 목적어 형태를 갖는 준동사로서, 동사는 아니지만 동사의 성질을 가지며, 문장에서 명사, 형용사, 부사 등의 품사로 사용될 수 있다.

1) To부정사의 3가지 형태

- To부정사의 명사적 용법: To create a park(공원을 만드는 것)

- To부정사의 형용사적 용법: To create a park(공원을 만드는)
- To부정사의 부사적 용법: To create a park(공원을 만들기 위하여)

이 중에서 To부정사의 부사적 용법이 시험에 가장 자주 출제된다.

2) To부정사의 성격

동사의 성격을 가지므로, 동명사처럼 뒤에 목적어명사나 보어를 가질 수 있다. 다만 동사자리에는 쓸 수 없다는 것에 주의한다.

예 We decide to create a park.
우리는 공원을 만들기로 결정했다.(decide 동사의 목적어 자리에 쓰임)

To부정사가 정답인 예 1

예 101. Krom Media merged with the rival company (   ) the market share.

🔊 패턴: 동사와 준동사를 구별하는 문제
🔊 주의사항: 준동사가 정답인 경우, to부정사는 목적어를 가지면서, 해석에 주의해야 한다.
🔊 보기의 예

(A) to increase   (B) will increase   (C) increase   (D) has increased

➡ 정답: a). 보기는 a)번을 제외한 나머지가 동사. 보기 중 하나라도 동사가 아니라면 우선 동사인지 아닌지부터 판단해야 한다. 문장에 이미 merge with(합병하다)라는 동사가 있기에 빈칸은 동사자리가 아니다. 보기 중 동사처럼 뒤에 목적어(the market share)를 가지면서 "~하기 위하여"로 해석되는 to부정사인 a)를 답으

로 고른다.

> 해석: Krom Media는 시장점유율을 증가시키기 위하여 경쟁사와 합병했다.

2 분사의 이해

• 분사란 동사 + ing와 동사 + ed형태의 형용사 역할을 하기에, 명사 앞에서 형용사로 쓰이거나, 문장 뒤에서 주격보어 및 목적격보어로도 사용될 수 있다.

2-1. 분사의 역할 1

• 명사 앞 형용사 역할

1) 동사+ing: 명사와 능동관계

명사 앞에서 수식: "~하는" 능동의 의미로 쓰인다. 감정유발단어를 제외하고 일반적으로 사물 앞에서는 사용되지 않는다.

> 예 Mr Kim is known for a **demanding** supervisor.
> (김씨는 까다로운 직장상사로 소문이 자자하다.)

* 상사(사람)가 까다로운 것이므로 능동의 ‑ing

2) 동사+ed(pp형태): 명사와 수동관계

주로 사물명사 앞에서 수식: "~가 되어진" 수동의 의미로 사용된다. 일반적으로 사물 명사 앞에서 수식한다.

131

> **예** He will receive the revised report by tomorrow.
>
> (그는 내일까지 수정된 리포트를 받을 것이다.)

* 리포트(사물)는 수정되어진 수동의 의미이므로 pp(-ed)

2-2. 분사의 역할 2

• 명사 뒤를 수식하는 형용사 역할

1) 동사＋ing: 앞의 명사와 능동관계＋뒤에 목적어

명사를 뒤에서 수식하고, 뒤에 목적어 명사가 붙는 구조일 때에는 동사 + -ing형태
의 능동의 의미로 사용된다.

> **예** The company will give an incentive to employees **attending** the annu-
> al charity event.
>
> (회사는 인센티브를 줄 계획이다. 사원들에게—자선이벤트에 참석한—)

* 앞의 employees 사람명사를 뒤에서 수식하는 형용사 역할 + 뒤에 목적어(the event)가 붙는 구조
＝ employees가 직접 행동하는 능동의 동사 -ing

2) 동사＋-ed: 앞의 명사와 수동관계＋뒤에 막힘

명사를 뒤에서 수식하지만, 뒤에 목적어 명사는 붙지 않는 구조(막힘)는 동사+
pp(-ed)형태의 수동의 의미로 사용된다. 해석상 앞의 명사가 사물인 경우가 많다.

> **예** We will exchange the defective items purchased at our store.
>
> (우리는 교환해 줄 것이다. 불량품을—우리 상점에서 구매되어진—)

* 앞의 items 사물명사를 뒤에서 수식하는 형용사 역할 + 뒤에 목적어가 붙지 않는 구조 = items가 직접 행하지 못하기에 수동의 동사 + -ed(pp)

분사가 정답인 예

예 102. All products at Neroil Fashion can be refunded excepting pants (   ) in the clearance sale events.

◐ 패턴: 동사와 준동사를 구별하는 문제

◐ 주의사항: 준동사가 정답인 경우, 분사는 명사 뒤에 위치하며, 목적어가 있으면 현재 분사(-ing), 목적어가 없으면 과거분사(pp)를 남긴다.

◐ 보기의 예

(A) purchased   (B) will purchase   (C) purchase   (D) has increased

➡ 정답: a). 보기는 a)번을 제외한 나머지가 동사. 보기 중 하나라도 동사가 아니라 면 우선 동사인지 아닌지부터 판단해야 한다. 문장에 이미 can이라는 조동사가 있기에 빈칸은 동사자리가 아니다. 보기 중 동사처럼 사용되면서 뒤에 목적어가 없는 경우, 준동사 중 과거분사 a)를 답으로 고른다.

➡ 해석: 재고정리 세일에서 구매하신 바지들을 제외한 모든 Neroil Fashion의 제품 들은 환불이 가능합니다.

memo

학습목표 DAY 8~10까지 동사패턴을 공부한 뒤 동사 실전문제와 어휘 실제 기출패턴 문제들을 학습한다.

01

After a number of tours have been conducted, the lease contract ( ) by a new tenant.

a) are signed

b) will be signed

c) signing

d) is being singed

02

In response to customers' complaints, T&G company ( ) its log-in system with technical problems right now.

a) repairing

b) repaired

c) is repaired

d) is repairing

03

Those who previously ( ) in the Double Nine Gym's membership are eligible to join the grand re-opening celebration.

a) enroll

b) enrolling

c) enrolled

d) is enrolled

04

> Before all attendees enter the meeting room, our representatives (   ) the booklet in front of the front desk.

a) distribute

b) are distributed

c) to distribute

d) will distribute

05

> The items you ordered (   ) within 3 business days , so please check your tracking number on the web-site.

a) are delivered

b) will be delivered

c) delivering

d) delivered

06

> Over the last 10years, Traedstone Plumbing (   ) on customer satisfaction by updating survey systems.

a) has focused

b) focused

c) to focus

d) will focus

07

> The Maintenance department will purchase new equipment next week (   ) their internet searching speed.

a) improve

b) will improve

c) to improve

d) has improved

08

By the time the sales manager returned to the headquarter from his business trip, the annual evaluation (   ).

a) will have delayed

b) will be delayed

c) delayed

d) had been delayed

09

In order to seek volunteers for Mr. Gray's retirement party, the HR manager decided to (   ) applicants within the company.

a) hire

b) hiring

c) hires

d) hired

10

If ABC Mart's customers prefer to use their reward points as buying new items, please visit the web site and then (   ) "Point Page".

a) selected

b) selecting

c) selects

d) select

11

Unless a major problem (   ), the new commute daily system will go into effect soon.

a) has found
b) is finding

c) finds
d) has been found

12

Although discounted tickets are still available for Crocker's play, even fans are hesitant to ( ) tickets for recent copyright issues.

a) buy
b) buys

c) bought
d) buying

13

Unless the shipment of office supply items arrives on time, tasks regarding customers' complaints ( ) after this weekend.

a) has commenced
b) will commence

c) commencing
d) commenced

14

New pollution regulations ( ) Crimson Chemical to reduce emissions of its manufacturing plant in the past 6 months.

a) are forced
b) is forcing

c) will force
d) have forced

15

At Best Grill, we always ( ) the freshest ingredients from local farms.

a) use   b) using

c) used   d) to use

16

> Before Mr. Kate applied for our national sales director, he (   ) as a sales clerk for 15 years.

a) has worked   b) have worked

c) worked   d) had worked

17

> Ms. Dennison is negotiating with overseas clients today, so she (   ) the results to her department head.

a) reported   b) reporting

c) can report   d) has been reporting

18

> The official schedule for the council's weekly conference (   ) on the bulletin board on Fridays.

a) is posting   b) posted

c) will post   d) is posted

19

> Since TV broadcasting (   ) Sushi Hiromi as a fine dining area in Japan, it has become one of the most popular restaurants.

a) recommending

b) has recommended

c) to recommend

d) recommended

20

Customers who heard kind words from the receptionist tend (   ) the business high marks.

a) to award

b) awarding

c) have awarded

d) awarded

21

Delmont Hotel (   ) its good reputation from visitors thanks large-ly to the convenient drop - off shuttle service.

a) earned

b) expected

c) associated

d) responded

22

Facilities Department's employees are (   ) that the conveyor belt be checked regularly.

a) relocated

b) indicated

c) advised

d) criticized

23

In order to (   ) the software developer positions as soon as pos-sible, it is vital that our own career fair be held.

a) vacate

b) fill

c) persuade

d) allow

24

> ST. Unitas Academy (   ) a variety of online and offline classes covering English, beauty make-up and marketing subjects.

a) pays

b) delivers

c) offers

d) determine

25

> While the stores are trying to make a room to (   ) the newest items, they are reluctant to hold a clearance sale.

a) assure

b) display

c) handle

d) invite

26

> If you are faced with technical difficulties, please (   ) to the instructions included in the regular manual.

a) refer

b) present

c) mention

d) discuss

27

> As of next year, the Primer Business Weekly (   ) that the a number of subscribers will be increased significantly due to the new addition of online services.

a) states   b) treats

c) emerges   d) expects

28

Western Construction is (   ) the revised environmental policy to meet the government standards.

a) implementing   b) attending

c) acquiring   d) choosing

29

By offering a small business loan, Trad Bank is going to (   ) a market for recent recession.

a) intend   b) open up

c) familiarize with   d) refrain from

30

You have to sign an agreement from the registration from (   ) you to use our various contents including photos and images.

a) updating   b) paying

c) selling   d) allowing

파트6 그냥 대충 풀지 마세요

문제풀이 전략

1단계: 맥락파악이 우선입니다.

파트6는 Mini 파트7입니다. 단순 문법/어휘문제처럼 푸는 파트5와 달리, 파트6의 시작은 지문의 맥락파악입니다. 글을 쓴 사람과 읽는 사람의 정보, 그리고 주제키워드를 찾는 것을 맥락파악이라고 합니다.

🔊 맥락파악은? 1번 문제를 풀기 전에, 혹은 문제를 풀면서...

1) 글을 쓴 사람?
2) 글을 읽는 사람?
3) 주제키워드(+제목)?

2단계: 앞/뒤 문장을 통해 개연성 찾기

파트6는 한 문장만을 보면서 푸는 문제가 아닙니다. 물론, 파트7처럼 문맥의 흐름을 파악하며 해석하는 것이 문제풀이의 기본입니다. 그러한 독해지문 사이에 빈칸을 두고 알맞은 단어를 고르는 것이 파트6의 문제입니다. 앞/뒤 문장 그리고 문맥의 맥락을 통해서 개연성을 찾는 것이 중요합니다.

🔊 앞/뒤 문장 개연성 찾기?
파트6의 어휘문제와 동사/시제문제에 적용

3단계: 신유형 "문장 넣기"는 삭제/소거

파트6의 신유형 문장 넣기는 각 지문에 1문제씩 출제됩니다. 기초문법과 어휘를 끝낸

뒤 풀기에는 가장 어려운 문제처럼 느껴지시죠? 이 문제의 정답은 지나치게 세부적으로 나오는 반면, 오답보기는 흐름상 어울리지 않는 것을 쉽게 걸러낼 수 있는 특징이 존재합니다. 그래서 이러한 문제는 정답을 고른다기보다, 어울리지 않는 보기를 삭제하며, 정답에 접근하는 것이 필요합니다.

🔊 먼저... 맥락파악부터 해보세요.

1) 글을 쓴 사람?
2) 글을 읽는 사람?
3) 주제키워드(+제목)?

찾으셨나요? 그 후에 문장 앞/뒤를 보며 개연성을 찾아가면서 답을 골라보세요.

refer to the e-mail

To: Jeremy Edwards ⟨jeremyaa@gmail.com⟩
From: Mark Lee ⟨customerdept@no1electronics.com⟩
Date: 21 January

Dear Edwards
Hi. Edwards. Thank you for your recent 31. (   ) of the No1. Electronics smart TV. Unfortunately, 32. (   ). After our technical department inspected the reasons, the experts found that the main server and the cables were not 33. (   ) synchronized. That's particularly unusual.

I have no sentences to apologize to you. Please send it to us and check the serial number on the back of your warranty card. We will fix your TV free of charge. 34. (   ), we will send you a 10% discount coupon and free mini blender as an apology of your inconvenience.

Sincerely

Mark Lee
Customer Service Manager
No1. Electronics.

31 a) verification   b) preview

   c) visit   d) purchase

32 a) we always try to contribute high quality articles to several magazines.

   b) we received your complaints concerning the failure of your device function.

c) our customer relation department will handle surveys regarding the cus-
tomer satisfaction.

d) this week's clearance sale will be held at the Lotts Department Store on
Saturday.

33 a) temporary   b) temporarily

c) temporize   d) temporized

34 a) However   b) In addition

c) Because   d) Thus

해설

01 • 정답: B)

• 해석: 많은 견학이 시행되어지고 난 후에, 임대계약서는 새로운 세입자에 의해 서명되어질 것이다.

• 생각의 단계: 보기는 동사와 준동사를 구별하는 문제. "접속사 개수 + 1= 동사의 개수"에 따라 블랭크는 동사자리. 1) 수일치 판단: 주어는 단수이기에 복수동사 A) 삭제. 2) 동사의 수동태/능동태 판단: 주어는 사물이고 빈칸 뒤에 목적어가 없기 때문에 B)와 D)를 남긴다. 3) 시제 판단: 시간/조건 부사절접속사는 시제일치의 예외. 부사절이 현재/현재완료 동사가 오면, 주절은 미래형. 정답은 B)

• conduct: (특정활동)을 수행하다. lease contract: 임대계약. tenant: 세입자

02 • 정답: D)

• 해석: 고객의 불만사항들에 응답하기 위하여, T&G 회사는 기술적 문제점들을 포함한 로그인 시스템을 지금 수정 중에 있다.

• 생각의 단계: 보기는 동사와 준동사를 구별하는 문제. "접속사 개수 + 1= 동사의 개수"에 따라 블랭크는 동사자리. A)를 삭제한다. 1) 수일치 판단: 주어와 동사 수일치로 삭제/소거할 수 있는 보기는 없다. 2) 동사의 수동태/능동태 판단: 빈칸 뒤에 목적어가 있으므로, 수동태 동사인 C)는 삭제한다. 3) 시제 판단: right now(지금 당장)은 현재진행형과 어울리므로 징답은 D)를 고른다.

• in response to: ~에 응답하여. repair: 수리하다, 고치다

03 • 정답: C)

• 해석: 이전에 Double Nine Gym 멤버십에 등록했던 사람들은 리오픈 축하파티에 참여할 자격이 있다.

• 생각의 단계: 보기는 동사와 준동사를 구별하는 문제. "접속사 개수 + 1= 동사의 개수"에 따라 블랭크는 동사자리. B)를 삭제한다. 1) 수일치 판단: 주어는 복수 those=people. 보기 D)는 삭제. 2) 수동태/능동태 판단: 남은 보기 중 수동태/능동태로 고를 수 있는 것은 없다. 3) 시제판단: 빈칸 앞에 동사를 꾸며줄 수 있는 과거시제부사 previously(이전의). 과거동사는 C)

• be eligible to: ~할 자격이 있다(+동사원형). enroll in: 등록하다

04 • 정답: D)

• 해석: 모든 참가자들이 회의룸으로 들어가기 전에, 우리 담당자들이 프런트 데스크 앞에서 소책자를 나눠드릴 것입니다.

• 생각의 단계: 보기는 동사와 준동사를 구별하는 문제. "접속사 개수 + 1= 동사의 개수"에 따라 블랭크는 동사자리이기에 C)는 삭제. 1) 수일치 판단: 주어는 복수이기에 주어/동사 수일치로 삭제할 보

기는 없다. 2) 동사의 수동태/능동태 판단: 빈칸 뒤에 목적어가 있고, 주어는 사람이기에 수동태 보기 B)는 삭제한다. 3) 시제 판단: 시간/조건 부사절접속사는 시제일치의 예외. 부사절이 현재/현재완료형 동사가 오면, 주절은 미래형. 정답은 D)

- attendee: 참가자. representative: 영업사원. distribute: 배포하다, 유통하다. booklet: 소책자

05 • 정답: B)

- 해석: 당신이 주문한 아이템들은 영업일 기준 3일 이내에 배송될 것이기에, 웹사이트에서 당신의 배송번호를 확인해 주세요.

- 생각의 단계: 보기는 동사와 준동사를 구별하는 문제. "접속사 개수 + 1= 동사의 개수"에 따라 블랭크는 동사자리이기에 C)는 삭제. 1) 수일치 판단: 주어는 복수(the items)이기에 주어/동사 수일치로 삭제할 보기는 없다. 2) 동사의 수동태/능동태 판단: 빈칸 뒤에 목적어가 없고, 주어는 사물이기에 수동태 보기 A)와 B)를 남긴다. 3) 시제 판단: 해석상 미래적인 의미가 어울리므로 정답은 B)

06 • 정답: A)

- 해석: 지난 10년 동안, Traedstone Plumbing은 설문조사 시스템을 업데이트하면서 고객만족도에 더욱 집중하고 있다.

- 생각의 단계: 보기는 동사와 준동사를 구별하는 문제. 문장에 동사는 없기에 블랭크가 동사자리. C)는 삭제. 1) 수일치 판단: 주어/동사 수일치로 삭제할 보기는 없다. 2) 동사의 수동태/능동태 판단: 보기에 수동태 동사는 없다. 특히 수동태로 만들지 못하는 동사는 보기에 표현되지 않는다. 토익에서는 문법에 어긋나는 표현을 보기에 넣지 않는 특징이 있다. 3) 시제 판단: over the last 10years (지난 10년 동안)는 지난 과거부터 지금까지의 기간을 설정함으로써, 현재완료형 동사를 꾸며주는 시제부사이다. 따라서 정답은 A)

07 • 정답: C)

- 해석: Maintenance department는 인터넷 검색 속도를 향상시키기 위하여 다음 주에 새로운 장비들을 구매할 계획이다.

- 생각의 단계: 보기는 동사와 준동사를 구별하는 문제. "접속사 개수 + 1= 동사의 개수"에 대입을 해 본다. 문장에 접속사는 없이 이미 정동사(will purchase)가 존재한다. 따라서 보기에서 동사가 아닌 to부정사를 답으로 고른다. to부정사가 문장 뒤에서 부사적인 의미로 쓰이면, "~하기 위하여"로 해석한다.

- maintenance: 유지, 보수. improve: 향상시키다

08 • 정답: D)

- 해석: 영업매니저가 출장에서 본사로 돌아왔을 때까지, 연간 평가는 연기되어졌다.

- 생각의 단계: 보기는 동사문제. 수일치부터 출발한다. 1) 수일치 판단: 주어는 사물단수이지만, 수일 치로 판단할 보기는 존재하지 않는다. 2) 수동태/능동태 판단: 주어는 사물. 뒤에 목적어가 없기에, 수동태 동사인 B)와 D)를 남긴다. 3) 시제 판단: By the time은 "~할 때까지"의 의미이기에, 뒤에 과거동사가 오면 주절에는 과거완료가 어울린다. 따라서 정답은 D)
- evaluation: 평가

09
- 정답: A)
- 해석: Gray씨의 은퇴식 파티를 위한 자원봉사자들을 찾기 위하여, HR부서 매니저는 회사 내에서 지원자들을 찾기로 결정했다.
- 생각의 단계: 보기는 일반적인 품사문제. 빈칸 앞을 보면, to부정사구문이기에 동사원형을 답으로 고른다. 보기에서 동사원형은 A)
- seek: 찾다. volunteer: 자원봉사자. applicant: 지원자. hire: 고용하다

10
- 정답: D)
- 해석: 적립금 포인트를 새로운 물건을 구매하는 것에 사용하고 싶으신 ABC마트 고객님들은 웹사이트를 방문하시고 난 다음 "Point Page"를 선택해 주세요.
- 생각의 단계: 보기는 품사문제. and then은 "그리고 나서"라는 의미로 등위접속사의 역할을 한다. 빈칸 앞의 동사는 명령문 please 뒤에 동사원형(visit)이 있다. 따라서 and then 역시 동사원형자리. 따라서 정답은 D)를 답으로 고른다.
- prefer: 선호하다, ~을 더 좋아하다. reward point: 적립금. and then: 그리고 나서

11
- 정답: D)
- 해석: 큰 문제점만 발견되지 않는다면, 새로운 출퇴근 기록 시스템은 곧 효력이 발생할 것이다.
- 생각의 단계: 보기는 4개 모두 동사이기에 동사문제 3단계로 출발. 1단계: 수일치->2단계: 수동태/능동태 구별 → 3단계: 시제판단. 1) 수일치 판단: 주어는 단수이고 보기 모두 단수동사이기에 삭제/소거할 보기는 없다. 2) 동사의 수동태/능동태 판단: 빈칸 뒤에 목적어가 없고, 주어가 사물이기에 수동태 동사를 답으로 고른다. 3) 시제 판단: 시간/조건 부사절접속사는 시제일치의 예외. 부사절이 현재/현재완료형 동사가 오면, 주절은 미래형. 하지만 이 문제는 시제까지 보지 않더라도 정답이 도출된다.
- commute: 통근하다. go into effect: 효력이 발생하다. soon: 곧, 곧바로

12
- 정답: A)
- 해석: Crocker 연극의 할인 티켓이 여전히 판매 중임에도 불구하고, 최근 불거진 저작권 이슈 때문인지 심지어 팬들조차 구매를 꺼린다.

- 생각의 단계: 보기는 동사문제처럼 보이지만, 빈칸 앞에 to부정사(hesitant to + 동사원형: ~하는 것을 꺼리다, 주저하다)가 있기에 정답은 동사원형인 A)를 답으로 고른다.
- available: 이용 가능한. hesitant: 주저하다, 꺼리다. copyright: 저작권

13
- 정답: B)
- 해석: 사무용비품의 배송이 정시에 도착하지 않는다면, 고객불만에 관한 업무들은 이번 주말 이후에 개시될 것입니다.
- 생각의 단계: 부사절접속사 unless가 있기에, 주절의 동사자리. 동사가 아닌 C)는 삭제한다. 1) 수 일치 판단: 주어는 사물복수(complaints)이고 단수동사인 A)는 삭제. 2) 동사의 수동태/능동태 판단: 남은 보기 B)와 D) 모두 능동태이기에 패스(수동태로 만들지 못하는 동사). 3) 시제 판단: 시간/조건 부사절접속사는 시제일치의 예외. 부사절이 현재/현재완료형 동사가 오면, 주절은 미래형. 따라서 정답은 B)가 된다. 참고로 수동태로 만들지 못하는 동사는 보기에 수동태로 표시되지 않는다 (문법에 어긋난 부분을 보기에 나타내지 않는 토익의 법칙).
- unless: 만약 ~하지 않는다면. on time: 정시에. regarding: ~에 관한

14
- 정답: D)
- 해석: 새로운 오염규제는 지난 6개월 동안 Crimson Chemical 공장으로부터의 배출 가스를 줄이도록 강요하고 있다.
- 생각의 단계: 보기는 모두 동사문제. 단계별 접근을 통해 답을 도출한다. 1) 수일치 판단: 주어는 사물복수이기에 단수동사인 B) 삭제. 2) 수동태/능동태 판단: 빈칸 뒤에 목적어인 회사이름이 있으므로 수동태인 A) 삭제. 3) 시제판단: 문장 후반부에 있는 "in the past 6 months(지난 6개월 동안)" 표현은 현재완료형 시제부사이다. 따라서 정답은 D)
- regulation: 규제, 법칙. reduce: 줄이다

15
- 정답: A)
- 해석: Best Grill에서는 항상 지역 농장으로부터 가져온 가장 신선한 음식재료를 사용합니다.
- 생각의 단계: 보기는 동사/준동사 구별문제로서, 비교적 쉽게 블랭크가 동사자리임을 알 수 있다. 동사는 현재형인 A)와 과거형인 C)를 남기고 구별. always(항상)는 현재형 동사를 꾸며주는 반복적인 의미의 부사이므로, 정답은 A)를 고른다.
- ingredient: 음식재료 요소

16
- 정답: D)
- 해석: Kate씨가 국내(전국) 영업부 디렉터로 지원하기 전에, 그는 15년간이나 영업사원으로 근무했 었다.

- 생각의 단계: 보기는 동사문제이다. 1단계: 수일치 판단: 보기는 단수주어이기에 복수동사인 B)는 삭제. 2단계의 동사 수동태/능동태 구별은 없다. 3단계: 시제판단: 부사절접속사 Before 뒤의 동사가 과거이기에, 주절은 "과거보다 더 과거"가 어울리므로 과거완료인 D)를 답으로 고른다.
- 기초들의 실수: FOR+기간이 현재완료와 어울리는 것 때문에, A)를 오답으로 고르지 않도록 주의하세요. "Before + 주어 동사(과거), 주절의 주어 동사(had pp과거완료)" 공식을 암기해 두세요.
- sales clerk: 영업사원

17 • 정답: C)
- 해설: Dennison씨는 오늘 해외 고객들과 협상 중이기에, 그녀는 부장님께 결과들을 보고할 것이다.
- 생각의 단계: 빈칸은 접속사 so 뒤에 동사자리 문제. 동사가 아닌 B)는 삭제하고 수일치부터 시작한다. 1단계: 수일치 판단: 주어는 3인칭 단수(She)이기에 삭제되는 보기는 없다. 2단계: 수동태/능동태 판단: 보기에 수동태동사는 없으며, 빈칸 뒤에 목적어가 있으므로 역시 삭제되는 보기는 없다. 3단계: 시제판단: 해석상 오늘의 업무(현재진행형)가 끝나고 나서 보고가 이루어지는 것이 맞으므로, 미래적인 의미의 C)가 정답
- negotiate: 협상하다

18 • 정답: D)
- 해석: 의회의 주간 회의를 위한 공식적인 일정은 매주 금요일 게시판에 게시되어집니다.
- 생각의 단계: 보기는 동사문제로서 단계별 접근법을 따른다. 1) 수일치 판단: 주어는 사물단수(schedule), 수일치로 영향을 받는 보기는 없다. 2) 수동태/능동태 판단: 주어가 사물이고 블랭크 뒤에 목적어가 없기에 수동태인 D)를 답으로 고른다. 또한 반복적인 의미를 나타내는 On fridays(금요일마다) 역시 현재형 동사를 고르는 기준이다.
- official: 공식적인. council: 의회. bulletin board: 게시판. post: 게시하다

19 • 정답: D)
- 해석: 방송에서 Sushi Hiromi를 일본 최고의 레스토랑으로 추천한 이후로, 가장 인기 있는 음식점 중 하나가 되었다.
- 생각의 단계: 부사절접속사 since 뒤에 완전한 문장(절)이 와야 하므로, 블랭크는 동사자리. 보기 중에 동사는 B)와 D)를 남긴 후에 구별한다. since가 "~이래로"라는 의미의 부사절접속사로 쓰이려면 뒤에 과거동사가 위치하고, 주절에 현재완료 동사가 오는 형태를 가진다. 따라서 정답은 D) "Since + 주어 동사(과거), 주절의 주어 동사(현재완료)"
- broadcasting: 방송

20 • 정답: A)

- 해석: 접수원으로부터 친절한 상담을 들은 고객들은 그 업체에 후한 점수를 주는 경향이 있다.
- 생각의 단계: tend to부정사(동사원형)를 암기했다면, 쉽게 풀 수 있는 문제이다.
- tend to: ∼하는 경향이 있다(+동사원형). receptionist: 접수원

21 • 정답: A)
- 해석: Delmont Hotel은 편리한 셔틀서비스로 인하여, 방문객들로부터 좋은 평판을 얻었다.
- 생각의 단계: 보기는 동사 어휘문제. 개연성을 찾는다. 문장에 부사절이나 부사구가 있다면, 답의 단서로 활용하기 가장 좋은 예시이다. "thanks largely to"는 "주로 ∼ 덕분에"라는 의미의 이유의 전치사이다. 긍정적인 원인을 표현할 때 사용하는 부사구로서, 편리한 서비스로 인하여 고객들로부터 좋은 평판을 얻은 스토리이기에 A)가 정답
- earn: 얻다. reputation: 평판. thanks to: 덕택에, 때문에. largely: 주로

22 • 정답: C)
- 해석: Facilities Department의 사원들은 컨베이어 벨트의 주기적인 점검을 권고(명령)받았다.
- 생각의 단계: 주장/요구/제안/의무 동사의 that절은 명령의 의미로 should가 생략된 채 동사원형을 쓴다. 따라서 정답은 C)
- advise: 주장하다, 요구하다. criticize: 비평하다, 비판하다

23 • 정답: B)
- 해석: 가능한 빨리 소프트웨어 개발자를 뽑기 위하여, 그들만의 취업박람회 개최가 필요하다.
- 생각의 단계: 보기는 동사 어휘문제로서 개연성을 먼저 찾고 답을 고른다. 보기를 대입하기보다는 빈칸의 알맞은 어휘를 먼저 생각해 낸 후에 답을 고르는 습관이 중요하다. 취업박람회 개최의 필요성을 강조하는 문장으로서, 소프트웨어 개발자들을 고용하기 위함을 나타낸 문장이다. 따라서 B) "채우다"가 정답
- fill: 채우다. vacate: 비우다. persuade: 설득하다. allow: 허가하다, 허락하다. career fair: 취업박람회

24 • 정답: C)
- 해석: ST. Unitas Academy는 영어, 뷰티 메이크업 그리고 마케팅 전략을 포함한 다양한 온라인/오프라인 강의들을 제공하고 있다.
- 생각의 단계: 토익에서 offer라는 동사는 판매자나 회사가 고객 및 사원들에게 혜택이나 업무관련 서비스를 제공할 때 사용하는 동사이다. 회사(ST. Unitas Academy)가 제공하는 다양한 업무/서비스가 목적어로 나타나 있기에, 정답은 C)로 고른다.

25 ・ 정답: B)

・ 해석: 상점들은 신제품들을 전시하기 위하여 자리확보를 하는 반면에, 재고정리 할인세일을 하는 것은 꺼린다.

・ 생각의 단계: 보기는 동사 어휘문제. 상점에서 새로운 자리를 확보하는 이유는 신제품들의 전시를 위한 것이 어울리므로 정답은 B)를 고른다. 이처럼 어휘문제는 문장 전체에서 개연성을 찾아 어울리는 어감의 단어를 연상한 다음 보기에서 정답을 고르는 것이 중요하다.

・ disply: 전시하다. reluctant: 꺼리다. clearance sale: 재고정리 세일

26 ・ 정답: A)

・ 해석: 당신이 만약 기술적인 어려움을 겪고 있다면, 정규 매뉴얼에 포함된 설명서를 참고해 주세요.

・ 생각의 단계: 보기는 동사 어휘문제. 개연성을 찾는다. 제품에 문제점이 있을 때 설명서를 참고하라는 언급이 어울리므로 정답은 A)를 고른다.

・ face with: 마주하다. instruction: 설명서. refer: 참고하다. mention: 언급하다

27 ・ 정답: D)

・ 해석: 내년부터 Primer Business Weekly는 새로운 온라인 서비스를 추가함에 의하여 구독자의 수가 증가할 것으로 기대하고 있다.

・ 생각의 단계: 보기는 동사 어휘문제로서 개연성을 찾는다. 문장의 시제가 미래형이고 빈칸 뒤에 명사 절접속사가 있는 것으로 보아 미래형동사(will)를 이끌 수 있는 동사를 골라야 한다. expect는 "예상하다, 기대하다"의 뜻으로 아직 일어나지 않는 행동이나 일을 기대하는 미래적인 의미의 동사이다. 따라서 정답은 D)

・ as of: ~부로. subscriber: 구독자. significantly: 상당하게. state: 언급하다. emerge: 나타나다. expect: (미래)를 예상하다, 기대하다

28 ・ 정답: A)

・ 해석: Western Construction은 정부의 기준을 충족시키기 위하여 수정되어진 환경정책을 시행하고 있다.

・ 생각의 단계: 보기는 동사 어휘문제. 목적어인 policy(정책)는 "시행하다"의 의미가 어울리므로 정답은 A)

・ environmental: 환경적인. policy: 정책. meet: 충족시키다(=fulfill). implement: 시행하다. acquire: 인수하다

29 ・ 정답: B)

・ 해석: Trad Bank는 중소기업대출을 제공함으로써, 최근 불경기에 새로운 시장을 개척하고자 한다.

- loan: 대출. recession: 불경기. intend to: ~할 의도이다(+ 동사원형). open up: 열다, 개척하다. familiarize with: 숙지하다. refrain from: ~을 삼가다

30 • 정답: D)
- 해석: 사진과 이미지를 포함한 여러 콘텐츠들을 사용하게끔 허용되기 위해서는 반드시 등록서의 동의사항에 서명하셔야 합니다.
- 생각의 단계: 보기는 동명사 어휘문제이다. allow는 "allow 목적어 to 동사원형(목적어가 ~할 수 있도록 허락하다)"의 뜻으로 쓰인다. 따라서 콘텐츠들을 사용할 허가를 받기 위해서는(사용하기 위해서는) 양식서에 서명해야 한다는 뜻이 어울리므로 정답은 D)
- agreement: 동의, 계약서. registration: 등록. various: 다양한

해석과 맥락파악. 정답과 해설

받는 사람: Jeremy Edwards〈jeremyaa@gmail.com〉
보낸 사람: Mark Lee〈customerdept@no1electronics.com〉
날짜: 1월 21일

에드워드에게

안녕하세요. 최근의 No1 Electronics의 스마트 TV를 구매해 준 것에 대하여 감사드립니다. 하지만 불행하게도, 최근 저희들은 기기 고장에 관한 불만사항들을 받았습니다. 기술부서에서 검토한 결과 메인 서버와 케이블들이 일시적으로 조화를 이루지 못한 부분이 있다고 발견되었습니다. 이 부분은 매우 이례적인 경우입니다.

어떻게 사과의 말씀을 드려야 하는지 모르겠네요. 보증서 뒷면에 있는 시리얼 넘버를 체크해 주시고 저희에게 제품을 보내주세요. 무료로 수리를 해드리고, 그뿐 아니라, 다음 구매 시에 사용하실 수 있는 10퍼센트 할인쿠폰 그리고 소형 블렌더를 사과의 의미로 보내드리려고 합니다.

사과의 의미를 담아

마크 리
고객관리부
No1. Electronics.

1) 글을 쓴 사람? 가전제품 회사의 고객관리부

2) 글을 읽는 사람? 구매고객

3) 주제키워드(+제목)? 기기고장에 관한 불만사항 처리 및 보상제공

31 • 정답: d)

 • 해설: 고객에게 보내는 가전제품회사의 고객관리부 담당자의 메일이다. 따라서 첫 인사로서 어울리
   는 것은 우선 구매에 대한 감사인사이다. 따라서 정답은 d) "구매". 파트6와 7에서 고객에게 보내는
   메일은 크게 2가지로 나뉜다. 예문처럼 "Thanks for your purchase"로 시작하는 구문은 "구매해
   주셔서 감사합니다."로서 기존고객에게 드리는 감사의 인사이고, "Thanks for your interest"로 시
   작하는 구문은 "관심 가져주셔서 감사합니다."로서, 아직 구매하지 않은 잠재고객(prepective cli-
   ent)에게 보내는 인사이다.

32 • 정답: b)

 • 해설: 신유형 문제 중 하나인 문장 넣기는 정답을 고르는 것뿐 아니라, 삭제/소거를 통해 정답에 접
   근하는 것이 중요하다. 정답은 매우 세부적인 것에 비해, 흐름상 어울리지 않는 오답은 비교적 확실
   하게 보이기 때문이다. 기사를 매거진에 기고하는 업무는 보낸 사람의 업무와 전혀 어울리지 않기에
   a)는 삭제하고, 이번 주말 재고정리 이벤트에 관하여 언급한 d)번 보기나 사과의 표현이 들어가야
   하는 곳에 고객만족 설문조사를 언급한 c)번 보기 역시 정답에 어울리지 않는다. 블랭크 앞에 부정
   의 부사인 unfortunately(불행하게도)를 언급한 것으로 보아, 기기고장에 관한 불만사항을 언급한
   b)번이 가장 정답에 어울린다.

33 • 정답: b)

 • 해설: 완전한 문장 사이에서 동사를 꾸며주는 부사자리문제이다. 또한 동사세트 사이 부사를 고르는
   문제이다. 따라서 정답은 b) "일시적으로"가 알맞다.

34 • 정답: b)

 • 해설: 고객에게 드리는 사과의 표시를 언급하고 있다. 무료수리와 함께 할인쿠폰이나 선물이 추가적
   으로 언급되는 것으로 보아, b) "게다가, 추가적으로"가 정답

memo

DAY 12 비교구문의 형태와 자리

학습목표 토익시험에 나오는 원급, 비교급, 최상급 기본학습

실전적용 파트56에서 출제되는 비교구문의 실제 기출패턴 익히기

❯ 토익에서 비교구문?

토익 파트56에서 비교구문은 원급과 비교급 그리고 최상급으로 나뉘어서 출제됩니다. 품사문제(1문제)와 어휘문제로 나뉘게 되지만, 문제로 출제되는 것보다 다른 문제에서의 답의 단서 혹은 파트6에서 해석을 하는 경우 구문이해에 도움이 되는 것에 초점을 두어야 합니다.   따라서 토익 실제시험에 출제되는 비교구문 문법의 자리패턴을 먼저 학습한 후, 시험에 나온 기출패턴 변형문제로 실제시험처럼 연습해 보는 것을 목표로 하며, 구문의 특징을 익히는 것 역시 학습목표 중 하나입니다. 토익에 나온 모든 출제패턴을 문제로 담았습니다.

(Warming Up) 들어가기 전

1 ▶ 원급비교

원급은 하나를 대상으로 놓고 "~만큼 ~ 한(형용사)"과 "~만큼 ~하게(부사)"로 표현을 합니다. 그럼 원급(as as구문)을 파헤쳐보기로 하겠습니다.

1-1. 원급비교 기출패턴 1

1) as (　　　　) as 품사 고르기

원급 비교구문은 형용사/부사를 구별하는 문제가 출제됩니다.

as (　　) as 구문이 나오면, 우선 보기에서 형용사와 부사를 남긴 후에 구별

원급비교구문 앞까지가 불완전 문장이면 형용사

원급비교구문 앞까지가 완전한 문장이면 부사

• as (형용사 vs 부사) as

원급비교구문 사이 형용사 문제의 예

> 예 101. The new system is as (　　　　) as our competitors' system.

● 패턴: 원급 사이 형용사와 부사를 구별하는 문제

● 주의사항: as (　　) as 구문 앞까지가 불완전한 문장이면 형용사를, 완전한 문장이면 부사를 고른다.

● 보기의 예

　a) excellent　　　b) excellently　　　c) excellence　　　d) excel

　⊙ 정답: a). as (　　) as 사이에는 형용사 혹은 부사가 들어간다. 우선 보기에서 형용사와 부사를 남긴 후에 구별. 원급구문 앞이 be동사로 끝나는 불완전한 상태 (2형식)이기에 형용사를 답으로 고른다.

　⊙ 해석: 새로운 시스템은 경쟁사들의 시스템만큼이나 훌륭하다.

원급비교구문 사이 부사 문제의 예

> 예 102. The old system should be revised as (　　　　) as possible.

◉ 패턴: 원급 사이 형용사와 부사를 구별하는 문제

◉ 주의사항: as (   ) as 구문 앞까지가 불완전한 문장이면 형용사를, 완전한 문장이면 부사를 고른다.

◉ 보기의 예

　a) quick　　　b) quickly　　c) quicker　　d) quickest

　⮕ 정답: b). as (   ) as 사이에는 형용사 혹은 부사가 들어간다. 우선 보기에서 비교급인 c)와 최상급인 d)는 삭제하고, 형용사와 부사를 남긴 후에 구별한다. 원급구문 앞이 be+pp(3형식 수동태 구문)로 완전한 문장으로 끝이 났기에 보기에서 부사를 답으로 고른다.

　⮕ 해석: 오래된 시스템은 가능한 빨리 수정되어져야 한다.

2) as (   ) as 명사가 들어가는 경우

as (   ) as 원급구문 사이에 명사가 들어가는 경우도 존재합니다.
주어나 목적어 등 명사자리에 원급구문이 위치한다고 생각하면 됩니다.
as (many 가산복수명사) as
as (much 불가산명사) as

• as (many/much 명사) as

원급비교구문 사이 명사 문제의 예

> 예 103. The manager is be charge of analyzing (   ) tasks as he can during the day.

◉ 패턴: 원급 사이 명사를 쓸 수 있는 문제

◉ 주의사항: as (   ) as 사이에 명사를 쓰려면, 가산복수명사일 때는 "as many 가산복수명사 as"를, 불가산명사일 때는 "as much 불가산명사 as"를 쓴다.

🔊 보기의 예

    a) as many   b) as much   c) too many   d) a lot of

➡️ 정답: a). as (   ) as 사이에는 명사가 들어가는 구조는 "as many 복수명사 as"와 "as much 불가산명사 as"이다. 빈칸 뒤에 가산명사 tasks가 있기에, as many를 답으로 고른다. as many tasks as

➡️ 해석: 그 매니저는 하루 동안 할 수 있을 만큼 많은 업무를 담당하고 있다.

1-2. 원급비교 기출패턴 2

1) 원급 앞 원급강조부사

as (   ) as 구문 앞에서 원급을 강조하는 부사를 암기한다.

very, nearly, almost, just

- **very, nearly, almost, just** as (   ) as 원급구문

원급비교구문 앞 강조부사 문제의 예

> 예 104. The new building is (   ) as tall as Lotte Tower.

🔊 패턴: 원급 앞에 강조부사를 고르는 문제

🔊 주의사항: as (   ) as 구문 앞에 강조부사를 고르는 문제로서, 해석이 아닌 어휘를 암기해야 한다.

🔊 보기의 예

    a) almost   b) already   c) recently   d) soon

➡️ 정답: a). as (   ) as 앞에는 "거의, 꼭" 등의 원급을 꾸며주는 의미의 강조부사가 위치한다. 보기에서 원급을 꾸며주는 강조부사는 a) "거의"이다. 나머지 보기는 모두 시제부사이다.

➡️ 해석: 새로운 건물은 거의 롯데타워만큼이나 높다.

2 비교급

비교급은 비교 대상이 1대1인 경우. 즉 2명을 서로 비교하는 구문을 말합니다. more(less) 혹은 형용사 + er로 표현하며, 뒤에 than이 붙는 것을 기본으로 합니다. 그럼 비교급의 기출패턴을 학습해 보겠습니다.

2-1. 비교급 기출패턴 1

1) 비교급의 표현

비교급은 여러 가지 형태로 출제됩니다.

- 우등비교 more (형용사/부사) than: 더욱 ~한(하게)
- 열등비교 less (형용사/부사) than: 덜 ~한(하게)
- 음절이 1음절인 경우 형용사에 -er를 붙여서 표현: younger than: 더 어린

than과 함께 쓰는 것을 원칙으로 합니다.

• 예외: of the two라는 표현이 있으면, the 비교급으로 쓰인다.

비교급 기초문제의 예

> 예 105. This version is (   ) than the previous model.

🔊 패턴: than과 함께 쓰이는 비교급 기초구문

🔊 주의사항: than(~보다)은 비교급 표현의 전유물로서, 단독으로 쓰이지 않고, 반드시 비교급표현과 함께 쓰인다. 특히 보기만 보면 기초품사 고르기(동사/부사/형용사/명사) 문제로 착각할 수 있기에, 보기 중에 단 하나라도 비교구문이 있다면 우선 판단하는 습관을 들여야 한다.

◀ 보기의 예

a) fast   b) faster   c) fastest   d) fasten

➔ 정답: b).

➔ 해설: 보기가 같은 단어로 나열되어 있다면, 얼핏 품사문제처럼 보일 수 있다. 보기 중에 비교구문이 하나라도 있다면, 그들을 우선 판단하는 습관을 들이는 것이 중요하다. 빈칸 뒤에 홀로 쓰이지 못하는 than이 있기에 정답은 비교급인 b)를 답으로 고른다.

➔ 해석: 그 버전은 이전 모델보다 더 빠르다.

2) 비교급 뒤에 형용사와 부사 구별하기

비교급 역시 원급과 마찬가지로 비교급의 원형(more, less) 뒤에 형용사/부사를 구별하는 문제가 출제됩니다.

- 1단계: more (   ) 구문이 나오면, 우선 보기에서 형용사와 부사를 남긴 후에 구별

- 2단계: 비교급 앞까지가 불완전문장이면 형용사

            비교급 앞까지가 완전한문장이면 부사

• 비교급 원형 뒤 more/less (형용사 vs 부사) than

비교급 뒤 형용사/부사의 구별 문제 예

> 예 106. Mr. Derickson becomes more (   ) with a new dress code after re-ceiving a booklet.

◀ 패턴: 비교급 바로 뒤 형용사 혹은 부사를 구별하는 문제

◀ 주의사항: 비교급 바로 앞까지가 불완전한 문장이면 형용사, 완전한 문장이면 부사를 고른다.

◀ 보기의 예

   a) familiar   b) familiarly   c) family   d) familiarize

➡ 정답: a). 비교급의 원형인 more 바로 뒤에는 형용사 혹은 부사가 들어가는 문법이 포인트. 우선 보기에서 형용사와 부사를 남긴 후에 구별. 비교급 앞이 2형식 동사인 become 동사로 끝나는 불완전한 상태이기에 주격보어인 형용사를 답으로 고른다.

➡ 해석: Derickson은 소책자를 받고 난 이후에 새로운 복장규제에 대하여 더욱 잘 알게 되었다.

2-2. 비교급 기출패턴 2

1) 비교급 앞 원급강조부사

비교급 앞에서 비교급을 강조하는 부사를 암기한다. "훨씬"이라는 뜻으로 해석

much, even, far, still, a lot

- **much, even, far, still, a lot** + more/less/형용사-er 등의 비교급

비교급 앞 강조부사 문제의 예

> 예 107. The newly released mobile phone is (   ) more expensive than its standard model.

◀ 패턴: 비교급 앞에 강조부사를 고르는 문제

◀ 주의사항: 비교급 구문 앞에 강조부사를 고르는 문제로서, 해석이 아닌 어휘를 암기해야 한다.

◀ 보기의 예

   a) very   b) far   c) evenly   d) by

➡ 정답: b). 비교급 앞에는 "훨씬"이라는 의미의 비교급을 꾸며주는 강조부사가 위치한다. 보기에서 비교급을 꾸며주는 강조부사는 b) "훨씬"이다.

> ● 해석: 이번에 새롭게 출시된 모바일 폰은 일반보급형 모델보다 훨씬 더 비싸다.

2-3. 비교급 기출패턴 3

1) 라틴계 비교급

비교급 중에서 than을 쓰지 않고, to와 함께 쓰이는 비교급을 라틴계 비교급이라고
합니다. 꼭 암기해 두세요. 어휘문제로 출제됩니다.

- 토익시험에 나오는 라틴계 비교급

  superior to: ~보다 더 우수한

  inferior to: ~보다 더 뛰어난

  prior to: ~보다 더 이전에

  senior to: ~보다 더 나이가 든

  junior to: ~보다 더 어린

3 ▶ 최상급비교

최상급이란 비교대상이 셋 이상일 때 혹은 모두일 때 사용하는 비교구문입니다.
most 혹은 형용사에 (e)st를 붙인 형태로 쓰입니다.

3-1. 최상급 기출패턴 1

1) 최상급이 쓰이는 문제의 단서 찾기

최상급은 빈칸 앞에 the가 있다고 무조건 답이 아닙니다. 문장 전체에서 비교대상이
"셋 이상 혹은 모두"를 가리킬 때, 정관사 혹은 소유격과 함께 최상급을 사용합니다.

– of all, of 3 이상: the most/소유격 most

- among(셋 이상의): the most/소유격 most
- in 장소/지역/분야(해당 지역에서, 분야에서): the most/소유격 most

• 문장에서 셋 이상의 단서. 정관사/소유격 + 최상급

최상급 문제의 단서 예

예 108. BZ Mart is the (　　　　) popular grocery store of all competitors.

🔊 패턴: 최상급의 기준을 찾아 답을 고르는 문제 유형

🔊 주의사항: 빈칸 앞에 the가 있다고 무조건 최상급을 고르지 말고, 문장에서 "셋 이상 혹은 모두"를 비교하는 단서를 찾는다.

🔊 보기의 예

　a) more　　　b) most　　　c) very　　　d) too

➡ 정답: b). 최상급은 빈칸 앞에 정관사(the) 혹은 소유격이 들어가지만, 그보다 문장에서 셋 이상을 비교하거나 모두를 언급할 때 최상급이 쓰인다. 이것이 답의 포인트. 문장 끝에 of all(모두 중에서) 표현이 언급되었기에, 정답은 b)를 고른다. 일반적으로 복수를 쓰면 최소 수백 혹은 수천 개의 대상을 말한다.

➡ 해석: BZ Mart는 모든 경쟁사들 중에서 최고로 인기 많은 식료품 가게이다.

3-2. 최상급 기출패턴 2

1) 최상급 앞/뒤 원급강조부사

최상급 앞/뒤에서 최상급을 강조하는 부사를 암기한다. "단연코, 진짜"

- 최상급 앞에서: the very, by far, only
- 최상급 뒤에서: ever

최상급 앞/뒤 강조부사 문제의 예

> **예** 109. Blancpanc's diver watches are (   ) the strongest model in the world.

- 패턴: 최상급 앞 강조부사를 고르는 문제
- 주의사항: 최상급 구문 앞에 강조부사를 고르는 문제로서, 해석이 아닌 어휘를 암기해야 한다.
- 보기의 예

  a) by far   b) much   c) far   d) a lot

  → 정답: a). 최상급 앞에는 1위를 더욱더 견고한 의미로 꾸며주는 최상급 부사가 따로 있다. 반드시 암기해야 풀 수 있는 어휘문제로 출제된다. 보기에서 최상급 앞에서 의미를 강조해 주는 부사는 a) "단연코". 그 외 보기들은 모두 비교급 앞에서 비교급을 강조해 주는 부사들이다.

  → 해석: Blancpanc의 다이버 시계들은 세상에서 단연코 가장 튼튼한 모델이다.

실전기출분석 파트56

학습목표 DAY 12에서 비교구문(원급, 비교급, 최상급)을 공부하고 나서 비교구문의 문법 및 어휘 실제 기출패턴 문제들을 학습한다.

01

Mr. Donaldson will select the (   ) option available among all submissions.

a) cheap
b) cheaply
c) cheaper
d) cheapest

02

Only those with their coupons are allowed to use the ballet parking system (   ) the basement parking lot.

a) because of
b) while
c) however
d) rather than

03

Trend Grill offers (   ) the freshest meat in the nation due to special preservation methods.

a) much

b) by far

c) many

d) more

04

Crom Mille's new released photocopier operates more (   ) than other brands.

a) efficient

b) efficiently

c) efficiency

d) efficienate

05

The Toronto Art Gallery plans to exhibit a collection of Lena Martin's (   ) beautiful artistic masterpieces.

a) more

b) most

c) as

d) much

06

All employee should compile (   ) data as possible when preparing for the proposal.

a) as many

b) as much

c) as though

d) much more

07

The old computers in the Editorial Department should be replaced as (   ) as possible because the technical issues were recently very often.

a) quickly

b) quick

c) quickest

d) quicker

08

New employes' orientation form should be submitted (   ) faster to meet the deadline of several schedules.

a) more

b) very

c) much

d) single

09

After merging with a rival company, Ez Software is expected to offer users an (   ) installation procedures than before.

a) easy

b) easily

c) easiest

d) easicr

10

Ms. Tanaka served as a curator (   ) staring her international student in U.S this year.

a) instead of

b) as soon as

c) therefore

d) prior to

11

Tendency Biology's sales performances are (   ) as good as its last quarter.

a) a lot

b) far

c) ever

d) nearly

12

Because the prices of the raw materials are much lower (   ) expected, most of the service charges have become affordable.

a) within

b) highly

c) than

d) in addition

13

Solomon Ltd. implemented a revised incentive policy which had an even (   ) popularity for all workers than previously anticipated.

a) great

b) greater

c) greatest

d) greatly

14

The online education program has made it more convenient than (   ) to earn credits.

a) more

b) ever

c) almost

d) even

15

Applications for this year's open recruitment should be submitted (   ) upcoming Friday.

a) no later than

b) more than

c) no longer than

d) superior to

16

Whi-Shen's (　　　) vacuum cleaners are expect to be even superior to those of rival companies.

a) late

b) latey

c) latest

d) later

17

The new order system Mr. Warren made is as (　　　) as its customers' expectation.

a) simple

b) simply

c) simpler

d) simplest

18

All contributors are advised that (　　　) the most minor error in the article be negative for customer satisfaction.

a) far

b) ever

c) even

d) very

19

(　　　) all the nominators, Ms. Home is the best possible candidate for Employee Of The Year.

a) in   b) of

c) on   d) to

20

> Everyone except interns should become more (   ) with new dress code to avoid the penalty.

a) familiar   b) familiarly

c) familiarize   d) familiaried

21

> When arriving at the front desk, visitors should (   ) their photo identification card to the security officer.

a) indicate   b) carry out

c) diminish   d) present

22

> Please be sure to fill in the survey form completely to get your (   ) during the stay at the Colombo Hotel.

a) feedback   b) interest

c) belongings   d) luggage

23

> According to the Creteria Bean's spokesperson, the tentative conditions in the M&A contract will become (   ) soon.

a) official   b) available

c) interested   d) enthusiastic

24

> The movie critics for the Today Cinema (   ) Mr. Hudson's new
> film as creative and fun.

a) placed   b) described

c) ordered   d) undergone

25

> Some department stores (   ) clients to purchase gift certificates
> by using their credit card.

a) grant   b) consider

c) allow   d) require

26

> The (   ) of the job interview by Personnel Department will be
> available on TNA Paper's web site.

a) results   b) campaign

c) account   d) prices

27

> Even though many volunteers are recruited for the charity event, Taylor
> Foundation have not yet to find a (   ).

a) estimate

b) sponsorship

c) emphasis

d) restriction

28

Those who wish to attend the job fair should (   ) their goal and determination in front of the interviewers.

a) acquire

b) demonstrate

c) require

d) affect

29

For more than 20 years, Big Mama Co. has been one of the main (   ) of office supplies for local businesses.

a) providers

b) organizations

c) achievements

d) locations

30

Due to the complaints about the noise, the apartment's administrative department (   ) that the renovation project be ended before 6PM.

a) decided

b) indicated

c) advised

d) recalled

파트6   그냥 대충 풀지 마세요

문제풀이 전략

1단계: 맥락파악이 우선입니다.

파트6는 Mini 파트7입니다. 단순 문법/어휘문제처럼 푸는 파트5와 달리, 파트6의 시작은 지문의 맥락파악입니다. 글을 쓴 사람과 읽는 사람의 정보, 그리고 주제키워드를 찾는 것을 맥락파악이라고 합니다.

🔊 맥락파악은? 1번 문제를 풀기 전에, 혹은 문제를 풀면서...
1) 글을 쓴 사람?
2) 글을 읽는 사람?
3) 주제키워드(+제목)?

2단계: 앞/뒤 문장을 통해 개연성 찾기

파트6는 한 문장만을 보면서 푸는 문제가 아닙니다. 물론, 파트7처럼 문맥의 흐름을 파악하며 해석하는 것이 문제풀이의 기본입니다. 그러한 독해지문 사이에 빈칸을 두고 알맞은 단어를 고르는 것이 파트6의 문제입니다. 앞/뒤 문장 그리고 문맥의 맥락을 통해서 개연성을 찾는 것이 중요합니다.

🔊 앞/뒤 문장 개연성 찾기?
파트6의 어휘문제와 동사/시제문제에 적용

3단계: 신유형 "문장 넣기"는 삭제/소거

파트6의 신유형 문장 넣기는 각 지문에 1문제씩 출제됩니다. 기초문법과 어휘를 끝낸

뒤 풀기에는 가장 어려운 문제처럼 느껴지시죠? 이 문제의 정답은 지나치게 세부적으로 나오는 반면, 오답보기는 흐름상 어울리지 않는 것을 쉽게 걸러낼 수 있는 특징이 존재합니다. 그래서 이러한 문제는 정답을 고른다기보다, 어울리지 않는 보기를 삭제하며, 정답에 접근하는 것이 필요합니다.

🔊 먼저... 맥락파악부터 해보세요.

1) 글을 쓴 사람?

2) 글을 읽는 사람?

3) 주제키워드(+제목)?

Refer to the following e-mail

To: Christopher Jackson ⟨chris@interad.com⟩
From: Amanda Roolanzo ⟨amanda@gmail.com⟩
Date: 17 March
Subject: Thank you.
Attachment: Reference letter.

Thanks for taking the time for me yesterday. 131. (   ) our interview, I was very impressed about your management philosophy and enthusiasm. Therefore, I am definitely interested in 132. (   ) with you.

As discussed, I was a full-time copywriter for the government organization at one period in my career. I am confident my years of advertising experience would benefit your projects. Because I have worked closely with a variety of agencies like you since graduating from university 10 years ago, 133. (   ).

The 134. (   ) document contains 3 copies of a recommendation letter. If you have any question or need to meet again for more information, feel free to contact me. I look forward to hearing your good news. Thank you.

Sincerely

Amanda Roolanzo

31 a) During   b) Once

    c) However   d) For

32 a) will work

    c) have worked

    b) worked

    d) working

33 a) I can deal with purchasing issues with reward points.

    b) I am especially able to handle various challenges.

    c) I want to transfer to the another department for my family's relocation.

    d) I can contact them to prove my qualifications for this position.

34 a) attested

    c) interesting

    b) promotional

    d) enclosed

해설

01 · 정답: d)

· 해석: Donaldson씨는 제출되어진 모든 것들 중에서 가장 저렴하게 이용가능한 옵션을 선택할 것이다.

· 생각의 단계: 보기 중에 비교구문이 단 한 개라도 있다면, 우선판단을 한다. 빈칸 앞에 정관사 the가 있고, 최상급의 유형패턴 1에 해당하는 "among(셋 이상 사이에)"과 "all(모든 비교 대상)"이 있으므로, 최상급을 답으로 고른다. 최상급은 비교 대상이 셋 이상일 때 정답으로 출제된다.

· 기초들의 실수: 비교구문을 학습하지 않았다면, 빈칸을 무조건 형용사로 생각하여, a)를 오답으로 고르실 수 있겠죠?

· select: 고르다. available: (서비스)이용가능한. among: (셋 이상) 사이에. submission: 제출

02 · 정답: d)

· 해석: 쿠폰을 소지한 사람들만 지하주차장 대신 발레파킹 시스템을 이용하실 수 있도록 허가되었습니다.

· 생각의 단계: 보기는 전치사/접속사/접속부사를 구별하는 문제이다. 이러한 문제(DAY 6, 7 참조)에도 비교구문이 출제된다. 보기에서 d)는 "A rather than B(B보다는 A)" 표현으로서, 서로를 비교하는 의미로 쓰인다. A, B는 등위접속사의 병렬구문처럼 같은 품사 및 비슷한 의미의 어휘로 맞춰주는 것을 말한다. 따라서 발레파킹 시스템(A)과 지하주차장의 이용(B)을 비교하여, B 대신 A라는 표현이 어울리므로 정답은 D)를 고른다.

· allow: 허가하다, 허락하다. basement: 지하. rahter than: 차라리 ~하다

03 · 정답: b)

· 해석: Trend Grill은 특별 보관방법으로 인해 전국에서 가장 신선한 고기를 공급하고 있다.

· 생각이 단계: 보기는 얼핏 어휘문제처럼 보이지만, 각각의 비교구문들의 유형패턴 2를 참고해 보면, 비교구문을 꾸며주는 부사 어휘문제라는 것을 알 수 있다. 최상급 바로 앞에서 꾸며주는 강조부사는 b) "훨씬"이다(최상급 유형패턴 2 참조).

· 기초들의 실수: 비교구문(원급, 비교급, 최상급) 각각의 강조부사들을 암기하지 않는다면, 의역 같은 오역으로 c)번이나 d)번을 고르는 실수를 하십니다.

· by far: 훨씬, 단연코(최상급을 꾸며주는 강조부사). nation: 전국. preservation: 보존. method: 방법

04 · 정답: b)

· 해석: Crom Mille의 새롭게 출시된 복사기는 다른 브랜드의 제품들보다 더욱 효율적으로 작동한다.

- 생각의 단계: 형용사와 부사를 학습하고 난 이후, 가장 빠르게 습득이 가능한 것이 비교구문입니다 (비교구문의 공통된 패턴을 참고). 비교급의 원형(more나 less) 바로 뒤에는 형용사(a) 혹은 부사 (b)가 위치할 수 있다. more 앞까지 문장을 보고 답을 구별한다. operate(운영하다, 작동하다)는 자동사이기에 뒤에 부사가 어울린다. 따라서 정답은 b)
- 기초들의 실수: 문법을 암기했다 하시더라도, 자동사를 모른다면, 여기에 또 답을 고르지 못할 수 있 습니다. 어휘의 암기는 토익을 졸업하는 그날까지 지속적으로 학습해 주세요.
- released: 출시된. efficiently: 효율적으로

05 • 정답: b)
- 해석: Toronto Art Gallery에서는 Lena Martin의 가장 아름다운 예술작품들을 전시할 계획을 가 지고 있다.
- 생각의 단계: 보기를 살펴보면 비교적 쉽게 비교구문 문제라는 것을 예측할 수 있다. 최상급의 기준 에서 가장 중요한 것은 비교대상이 셋 이상인지 여부이다. 특정 인물의 예술품을 복수로 표현 (artistic masterpieces)했기에, 일반적으로 최소 수백 개 이상으로 생각하는 것이 맞다. 또한 최상 급은 앞에 정관사 외에 소유격이 위치할 수 있기에, 정답은 b)를 고른다.
- 기초들의 실수: 최상급은 항상 정관사 the 뒤에만 오는 건 아니에요. "my best friend(나의 가장 친한 친구)"라는 표현을 생각해 보면, 소유격 뒤에도 위치함을 알 수 있겠죠? 문장에 표현된 's(어퍼 스트로피) 역시 소유격이랍니다.
- plan to: ~할 계획이다. exhibit: 전시하다

06 • 정답: b)
- 해석: 모든 사원들은 제안서를 준비할 때, 가능한 많은 데이터자료를 확보해야 한다.
- 생각의 단계: 원급의 표현은 사이에 명사가 위치할 수도 있다. "as many 가산복수명사 as"와 "as much 불가산명사 as"를 암기했다면, 블랭크 뒤 data가 불가산명사기에 쉽게 b)를 답으로 고를 수 있다.
- 기초들의 실수: 원급구문 역시 다른 비교구문과 마찬가지로 형용사나 부사가 사이에 위치하지만, 예 외적으로 명사가 들어올 수 있는 것이 원급구문이라는 점. 기억해 두세요.
- complie: 편집하다, 수집하다. prepare: 준비하다. proposal: 제안(서)

07 • 정답: a)
- 해석: 최근 기출적인 오류가 잦은 점으로 보아, 편집부에 있는 오래된 컴퓨터들은 가능한 빨리 교체 되어야 합니다.
- 생각의 단계: 원급(as ~as) 사이에는 형용사(b) 혹은 부사(a)가 올 수 있다. as구문 앞까지의 문장 이 완전한 문장이므로 부사를 답으로 고른다.

- 기초들의 실수: 해석으로 답을 고르면 오히려 실수할 확률이 높습니다. 먼저 a~as구문이라면, 먼저 보기에서 형용사와 부사를 남긴 후에 구별. 블랭크 앞까지 완전한 문장이면 부사를, 불완전한 문장이라면 형용사를 답으로 남긴다.
- editorial department: 편집부. replace: 교체하다. technical issue: 기술적인 문제점

08 · 정답: c)
- 해석: 신입사원들의 오리엔테이션 약식은 여러 일정들의 마감을 맞추기 위하여 훨씬 더 빨리 제출되어져야 합니다.
- 생각의 단계: 각 비교구문의 유형패턴 2를 익혔다면, 비교구문 강조부사 문제라는 것을 알 수 있다. 빈칸 뒤에 비교급이 있기에, 비교급을 강조하는 부사인 c) "훨씬"을 답으로 고른다.
- 기초들의 실수: 비교급 강조부사를 암기하지 못했다면, 어설픈 해석으로 b)를 오답으로 고르거나, 빈칸 뒤에 비교급을 보지 못했다면, a)를 오답으로 고를 수 있답니다. 형용사에 –er를 붙인 1음절 비교급의 표현과 비교급 앞에서 꾸며주는 강조부사인 much, even, far, still a lot 등도 암기해 두세요.
- meet: 충족시키다. deadline: 마감일자. much: 비교급 앞에서 강조부사(훨씬)

09 · 정답: d)
- 해석: Ez Software는 라이벌 회사를 합병한 이후에, 이전보다 더욱 쉬운 설치과정들을 고객들에게 제공할 것으로 기대되어진다.
- 생각의 단계: 빈칸 뒤에 than이 있기에 비교급 d)를 답으로 고르는 쉬운 문제이다.
- 기초들의 실수: 명사 앞에 형용사를 고르다가 틀릴 수 있겠죠? 이러한 실수에 빠지지 않으려면, 보기 중 단 하나라도 비교구문이 있다면, 그들부터 판단하는 습관을 들이도록 합니다.
- merge with: 합병하다. installation: 설치. procedure: 절차, 과정

10 · 정답: d)
- 해석: Tanaka는 이번 연도 미국에서 유학생활을 하기 전에 큐레이터로 근무했었다.
- 생각의 단계: 블랭크 뒤가 동명사(starting)이기에 전치사만 답으로 들어갈 수 있다. 다만, 보기에서 d)는 전치사 to를 이용한 라틴계 비교급으로(비교급 유형패턴 3 참고), "prior to(~보다 더 이전에)"로 쓰인다. 해석상 전에 있었던 과거형 의미의 문장이므로, 정답에 가장 가깝다.
- 기초들의 실수: 빈칸 뒤 동명사로 인하여, 무조건 전치사 a)를 고르지 않도록 조심해야 합니다. 이번 연도 유학생활이 현재형이고, 큐레이터의 근무가 과거형(served)을 사용한 문장이기에 "~보다 전에"라는 의미가 필요합니다. 따라서 정답은 d)
- prior to: ~보다 이전에. instead of: ~대신에(A instead of B : B대신 A)

11 · 정답: d)

- 해석: Tendency Biology의 영업실적은 거의 지난 분기만큼이나 훌륭하다.
- 생각의 단계: 원급 구문 앞에 강조하는 부사로 "거의(nearly)"가 어울린다(원급 유형패턴 2 참고). 따라서 정답은 d)
- 기초들의 실수: a)와 b)는 비교급을 강조하는 부사입니다.
- sales performance: 영업실적. nearly: 거의

12 • 정답: c)
- 해석: 원자재의 가격이 예상보다 훨씬 낮아졌기 때문에, 서비스 요금도 점점 낮아지고 있다.
- 생각의 단계: 빈칸 앞에 비교급(lower)이 있기에 than을 고르는 쉬운 문제이다. than은 단독으로 쓰일 수 없기에, 토익에서는 반드시 비교급의 짝꿍 표현으로 암기해 두면 쉽게 접근가능한 문제이다.
- 기초들의 실수: 보기 중에 비교구문 관련 보기가 하나라도 있다면, 우선 판단하는 습관을 들이도록 합니다.
- raw material: 원자재. charge: 요금. affordable: (누구나) 구매 가능한

13 • 정답: b)
- 해석: Solomon Ltd가 시행했던 수정된 인센티브 정책은 모든 사원들에게 기대했던 것보다 훨씬 더 큰 인기를 누렸다.
- 생각의 단계: 빈칸은 비교급을 강조하는 부사 even(훨씬) 뒤에 비교급을 고르는 문제이다. 따라서 정답은 b). 비교급 유형패턴 2 참조
- 기초들의 실수: 명사 앞 단순형용사자리로 오인할 수 있습니다. 보기 중에 비교구문이 하나라도 있으면 우선적으로 판단하는 것을 잊지 마세요.
- implement: 시행하다. revised: 수정된. even: 훨씬(비교급 앞에서 꾸며주는 강조부사). aniticipate: 예상하다, 기대하다

14 • 정답: b)
- 해석: 온라인 교육 프로그램은 학점을 획득하는 데 있어서 가장 편리한 방법이다.
- 생각의 단계; 비교급 뒤에서 강조하는 부사 ever는 문장을 최상급의 의미로 바꾸는 힘이 있다. "than ever(그 어떤 것보다)"의 의미로 쓰임을 기억해 둔다.
- convenient: 편리한. earn credits: 학점을 따다

15 • 정답: a)
- 해석: 이번 연도 공채를 위한 지원서는 늦어도 다음 금요일까지 제출되어야 합니다.
- 생각의 단계: 보기는 모두 비교급으로 쓰일 수 있지만 시점의 표현과 함께 쓰일 수 있는 것은 "no later than(늦어도 ~까지)"이다. 따라서 정답은 a)

- 기초들의 실수: b)번의 more than은 숫자 앞에 쓰일 경우 "~이상"이라는 부사로 쓰입니다. 유의어로는 over가 있으며, 자주 출제되는 패턴입니다. (예: more than 10 days, over 10 days. 10일이상)
- open recruitment: 공채. more than: ~이상(주로 숫자 앞). no later than: 늦어도 ~까지

16 • 정답: c)
- 해석: Whi-Shen의 새로운 진공청소기 모델들은 경쟁사들의 것들보다 훨씬 더 우수한 것으로 예상된다.
- 생각의 단계: 소유격 뒤에 최상급을 써서 "latest model(신제품)"이라는 의미의 문장을 만들 수 있다. 문장의 구조 역시 경쟁사와의 비교를 의미하므로, 비교구문 중 최상급을 의미하는 c)가 정답이다.
- 기초들의 실수: 명사 앞에는 형용사뿐 아니라, 비교급 특히 최상급이 위치할 수 있답니다(의미상으로 형용사를 대체). 최상급은 소유격이나 정관사(the)가 붙습니다.
- superior to: ~보다 더 우수한. latest: 최신의

17 • 정답: a)
- 해석: Warren씨가 만든 새로운 주문시스템은 고객들의 기대만큼 간단하게 만들어졌다.
- 생각의 단계: 원급 사이에는 형용사(a)와 부사(b)가 위치한다. 원급 앞까지의 문장이 2형식으로 불완전한 문장이기에 형용사가 정답
- 기초들의 실수: 원급에서 형용사와 부사를 구별하기 어려우시다면 "as (   ) as"에서 앞의 as는 없다고 생각해 보세요. 그러면 2형식 문장으로 자연스럽게 주격보어 형용사를 답으로 고를 수 있답니다.
- order: 주문. simple: 간단한

18 • 정답: b). 기사 안에 아주 작은 실수라도 고객만족에 부정적인 영향을 끼칠 수 있다고 모든 기고자들에게 권고사항이 내려졌다.
- 생각의 단계: 최상급 앞에서 강조하는 의미의 부사를 고르는 문제로서, 정답은 ever가 알맞다(최상급 유형패턴 2 참조)
- advise: 충고하다, 권유하다, 제안하다, 주장하다. negative: 부정적인

19 • 정답: b)
- 해석: 모든 추천자들 중에서 Home씨가 올해의 사원상에 가장 적합한 사람입니다.
- 생각의 단계: 최상급이 쓰인(the best) 문장에서는 항상 '셋 이상'의 비교대상 표현 구간이 있다. "of all(모두 중에서)"이라는 표현은 최상급의 기본 표현으로 암기가 필요하다. 최상급의 유형패턴 1 참조

- 기초들의 실수: "사람들 사이에서"로 오역하여 a)를 오답으로 고르지 않도록 주의합니다.
- nominator: 지원자, 추천자. candidate: 후보. Employee Of The Year: 올해의 사원상

20
- 정답: a)
- 해석: 인턴을 제외한 모든 사원들은 벌점을 피하기 위하여 새로운 복장규제에 관하여 더욱 숙지해야만 한다.
- 생각의 단계: 비교급 원형인 more 뒤에는 형용사(a)와 부사(b)가 위치한다. 비교급 바로 앞까지의 문장이 2형식 동사 become이 있으므로 주격보어 형용사인 a)가 정답
- except: ~은 제외하고. familiar: 익숙한, 잘 알고 있는. dress code: 복장규제. avoid: 피하다

21
- 정답: d)
- 해석: 방문객들이 프런트 데스크에 도착했을 때는 반드시 사진이 부착된 ID카드를 경비담당자에게 제시해야 합니다.
- 생각의 단계: 보기는 동사문제. 주어와 목적어를 보는 것이 먼저이며, 부사절접속사의 의미를 통해 개연성을 찾는다. 주어는 방문객(visitors). 목적어는 주민등록증(ID card). 부사절접속사 when은 방문객이 방문했을 때를 말하고 있으므로, 주민등록증을 제시하고 보여주어야 하는 것이 알맞다. 따라서 정답은 d)
- present: 제시하다, 보여주다. diminish: 줄이다

22
- 정답: a)
- 해석: Colombo Hotel에서 머무는 동안 고객님의 의견을 모집하기 위하여 설문조사를 완벽하게 작성 부탁드립니다.
- 생각의 단계: to부정사의 목적어 자리이다. 주절의 의미가 설문조사(survey)를 부탁하고 있기에, 고객의 의견(feedback)을 물어보는 것이 알맞다. 따라서 정답은 a)
- fill in: 작성하다, 빈칸을 채우다. feedback: 의견. during: ~하는 동안(시간표현이 오지 못함). belonging: 소지품. luggage: 짐, 수하물

23
- 정답: a)
- 해석: Creteria Bean의 대변인에 따르면, 인수/합병 계약석에 있는 잠정적인 조항들은 곧 공식발표될 것이라고 한다.
- 생각의 단계: 2형식 주격보어 형용사 어휘문제. 주어인 계약서의 잠정적인 조항이 단서이다. 이것이 미래에는 공식화될 것이라는 것이 어울리므로 정답은 a). 시제(will, soon) 역시 답의 단서이다.
- spokesperson: 대변인. tentative: 잠정적인. conditions: (계약서의) 조항들. official: 공식적인. available: (서비스)이용 가능한. enthusiastic: 열정적인

24 • 정답: b)
• 해석: Today Cinema에서 영화 비평가들은 Hudson 감독의 새로운 영화를 창의적이고 재미있는 것으로 묘사했다.
• 생각의 단계: 동사의 어휘문제이다. 먼저 주어와 목적어를 살피고, 부사절/구를 통해 개연성의 단서를 찾는 것이 중요하다. 주어는 영화 비평가(movie critics), 목적어는 새로운 영화(new film), 부사구는 전치사 as 뒤에 재미있고 창의적인 평가가 있다. 따라서 비평가가 묘사한 것이 어울리므로, 정답은 b)
• critic: 비평가. describe: 묘사하다. undergo: (어려움)을 겪다

25 • 정답: c)
• 해석: 몇몇 백화점들은 고객들에게 신용카드를 사용하여 상품권을 구매 가능하도록 허가하고 있다.
• 생각의 단계: 모든 동사 문제가 개연성을 찾아 푸는 것만 출제되는 것은 아니다. allow(허락하다, 허가하다) 목적어 뒤에 to부정사가 붙는 형태를 가진다. "allow + 목적어 + to부정사 동사원형(목적어가 to부정사 할 수 있도록 허가하다)"의 공식을 암기한다.
• gift certificate: 상품권. grant: 주다, 수여하다. consider: 고려하다. require: 주장하다, 요구하다

26 • 정답: a)
• 해석: 인사부에 의한 입사면접의 결과는 TNA Pape 웹사이트에 공지될 것입니다.
• 생각의 단계: 주어 명사 어휘문제이다. 동사와 목적어 등을 확인하는 것과 주어 명사구를 확인하는 것으로 개연성을 찾는다. 동사는 이용가능하다(will be available). 주어 명사구는 입사면접에 관한 스토리이다. 따라서 면접의 결과가 미래에 웹사이트에 공지되는 것이 어울리므로, 정답은 a)

27 • 정답: b)
• 해석: 많은 자원봉사자들이 자선단체 이벤트를 위해 고용되었음에도 불구하고, Taylor Foundation은 아직 후원자를 찾지 못했다.
• 생각의 단계: 목적어 명사 어휘문제이다. 다른 것보다는 양보의 부사절접속사 even though(그럼에도 불구하고)를 이용하여 단서를 찾는다. 자선행사(charity event)나 자선단체(Foundation)의 명사주어들과 함께 개연성을 찾으면, 후원(sponsorship)이 필요하는 것을 알 수 있다. 따라서 정답은 b)
• volunteer: 자원봉사자. recruit: 고용하다. charity event: 자선단체. estimate: 견적. emphasis: 강조. restriction: 제한

28 • 정답: b)
• 해석: 취업박람회에 참여하고자 하는 사람들은 면접관들 앞에서 그들의 목표와 결정을 증명해야 한다.

- 생각의 단계: 동사의 어휘문제이다. 주어는 박람회에 참여하고 싶은 사람들(Those who wish to attend the job fair)이고 목적어는 목표(goal). 부사구에 면접관들 앞에서(in front of the inter-viewers) 보여줘야 하는 것이기에 b) "증명하다, 논증하다, (능력)을 보여주다"가 알맞다.
- job fair: 취업박람회. demonstrate: 증명하다, 논증하다. determination: 결정

29 • 정답: a)
- 해석: 20년 넘는 시간 동안, Big Mama Co.는 지역 업체들을 위한 사무용 비품의 주 공급원 중 하나였다.
- 생각의 단계: 2형식 주격 보어 명사의 어휘문제이다. 주어가 사람을 의미하는 회사명(Big Mama Co.)이기에 사람과 동격인 명사는 a) "공급업체"가 알맞다.
- office supply: 사무용 비품. achievement: 성취, 달성

30 • 정답: c)
- 해석: 소음에 대한 불만으로 인하여, 아파트 관리팀에서는 공사 프로젝트를 오후 6시 이전까지 끝내달라고 요구했다.
- 생각의 단계: 명사절접속사 that을 목적어로 받는 동사 어휘문제이다. that절 뒤의 동사가 be동사로 원형이 자리한 것은 should가 생략된 것을 의미한다. 이렇게 주장/요구/제안/의무 동사가 주절 문장에 오면 that절 뒤에는 명령의 의미로 should가 생략된 채 동사원형이 온다. 보기에서 주장동사는 c)이다.
- administrative: 관리의. advise: 주장하다.

해석과 맥락파악. 정답과 해설

수신인: Christopher Jackson〈chris@interad.com〉
발신인: Amanda Roolanzo〈amanda@gmail.com〉
날짜: 17 March
제목: Thank you
첨부파일: Reference letter(추천서)

어제 시간을 내주신 점 감사합니다. 면접을 진행하는 동안, 저는 귀사의 경영이념과 열정에 큰 감명을 받았습니다. 그래서 더욱 같이 일하고 싶은 마음이 확고해졌습니다.

논의했듯이, 저는 정부기관에서 카피라이터로서 근무한 것이 제 경력의 상당부분입니다. 그런 경력이 귀사의 프로젝트들에 상당한 도움이 될 것이라 생각합니다. 10년 전, 대학을 졸업하고 난 이후부터 다양한 에이전시들과 면밀하게 작업을 해오고 있었기 때문에, 여러 어려운 과제들을 해결할 수 있는 것에 특화되어 있기도 합니다.

추천서 3부를 사본으로 첨부하여 드립니다. 혹시 질문이 있으시거나, 저에 대해 더 많은 정보를 필요로 하여 추가면접이 필요하시다면, 언제든지 연락주세요. 좋은 소식 기다리고 있겠습니다. 감사합니다.

진심을 담아
Amanda Roolanzo

1) 글을 쓴 사람? 광고회사 지원자
2) 글을 읽는 사람? 광고회사 인사부 담당자
3) 주제키워드(+제목)? 어제 인터뷰 감사인사 + 자신의 경력 어필과 추천서 첨부

31 · 정답: a)
- 해설: 뒤에 명사만 있기에 전치사인 a)와 d) 중에 답을 고른다. a)는 직접적인 시간 표현이 오지 못하고, 시간의 의미만 담은 명사가 오는 데 비해, d)는 기간표현이 오는 경우 "~하는 동안"의 의미로 해석된다. 따라서 정답은 a) "면접을 하는 동안"이 어울린다.

32 · 정답: d)
- 해설: 이미 앞에 정동사가 있고, 전치사(with) 뒤에 동명사자리이다. 따라서 정답은 d). 보기 4개 모두 동사가 아니라면, 준동사가 정답일 수도 있기에, 먼저 동사인지 아닌지부터 판단을 하고 답을 구별하는 습관이 중요하다.

33 · 정답: b)
- 해설: 신유형 문제 중 하나인 문장 넣기는 정답을 고르는 것뿐 아니라, 삭제/소거를 통해 정답에 접근하는 것이 중요하다. 정답은 매우 세부적인 것에 비해, 흐름상 어울리지 않는 오답은 비교적 확실하게 보이기 때문이다. 적립금을 이용한 구매관련 업무를 언급한 a)번이나 이사로 인한 전근요청의 c) 보기. 그리고 자격 증빙을 위하여 에이전시들에게 연락을 하는 의미의 d)번 등은 문맥흐름상 전혀 어울리지 않는다. 여러 업체들과 근무했던 다양한 경력이 어려움들이 닥쳤을 때, 해결능력을 강조한 b)번이 가장 정답에 가깝다.

34 • 정답: d)

• 해설: 맥락파악을 할 때, 이미 첨부파일로 추천서를 보낸 것을 알 수 있다. 따라서 3번째 단락에서 말하는 서류(document)는 첨부된 추천서를 말하고 있으므로, 정답은 d)를 고른다. enclosed는 서신류에서 첨부파일을 말할 때 쓰이는 형용사로서, 유의어로는 attached, included 등이 있다.

전치사/접속사/접속부사 1

학습목표 토익시험에 나오는 전치사/접속사/접속부사 암기 및 문법학습

실전적용 파트56에서 전치사와 접속사 그리고 접속부사 문제 기출패턴 익히기

토익 파트56에는 전치사 및 접속사 문제는 단순전치사와 전치사/접속사/(접속)부사를 구별하는 문제로 나뉩니다. 처음부터 해석으로 접근하는 것이 아니라, 각각의 특징으로 구별하여 보기를 남긴 후에 정답을 고르는 패턴으로서, DAY 14에서는 토익시험에 나오는 전/접/부를 암기하고 구별하는 기본패턴에 대하여 학습해 보도록 하겠습니다.

(Warming Up) 들어가기 전

> 전/접/부 문제 패턴

보기에 전치사와 접속사 그리고 부사가 섞여 있는 문제의 유형
- (빈칸) 뒤에 명사만 있다면 전치사만 남기기
- (빈칸) 뒤에 문장이 있다면 접속사만 남기기
- (빈칸) 뒤가 막혀 있거나, 부사자리라면 부사만 남기기

189

토익시험에 나오는 부사절접속사 및 전치사 암기

전치사는 문장(동사)이 올 수 없고, 명사만을 이끈다.

접속사는 문장과 문장을 연결하며, 부사절접속사는 완전한 문장 2개가 온다.

(접속)부사는 문장을 연결할 수 없고, 부사자리에 위치한다.

전/접/부 문제의 패턴

> **예** 101. (   ) he was able to pass the exam, he tried to apply for the position.

- 패턴: 보기에 전치사와 접속사 그리고 (접속)부사를 구별하는 문제
- 주의사항: 빈칸 뒤에 명사만 있다면 전치사를, 빈칸 뒤에 문장이 있다면 접속사를, 빈칸이 부사자리라면 부사를 남긴 후에 구별
- 보기의 예

  a) 전치사   b) 접속사   c) 부사

  ○ 정답 b). 빈칸 뒤가 문장이기에 접속사를 답으로 고른다. 이 중 부사절접속사는 완전한 문장을 2개 연결하는 역할을 한다. 시험에 출제되는 전치사와 접속사, (접속)부사를 암기한 후에 이와 같은 패턴에 대입하는 연습이 필요하다.

≫ 시험에 나오는 (이유/양보/시간/조건/기타) 전치사

전치사의 형태	Example
이유(때문에, ~이므로)	due to, owing to, thanks to, on account of
양보(~에도 불구하고, 반면에)	despite, in spite of notwithstanding
시간	during(~하는 동안) after(~한 이후에), before(이전에) by, until(~까지)

조건	in case of(~한 경우에 한하여)
	in the event of(~의 경우에)
기타	장소
	in, on, at, across, behind, in front of, next to, near, opposite
	그 외
	in addition to: ~뿐 아니라
	except/except for: ~은 제외하고
	instead of: ~대신에
	unlike: ~와 달리
	regarding, concerning, pertaining to; ~에 관한
	according to: (내용에) 따르면
	일반전치사는 어휘책으로 암기 필수!

≫ 시험에 나오는 (이유/양보/시간/조건/기타) 부사절접속사

접속사의 형태	Example
이유(때문에, ~이므로)	because, now that
	since, as(as가 문장을 이끌 때에만)
양보(~에도 불구하고, 반면에)	though, although, even though
	while, whereas
시간	when(~할 때)
	after(이후에), before(~전에)
	as soon as(~하자마자)
	while(~하는 동안)
	once(일단 ~하면)
조건	If, provided(that): 만약 ~라면
	unless(만약 ~가 아니라면)
	as long as(~하는 한)
	only if(오직 ~이런 경우에만)
기타	in case(~하는 경우를 대비하여)
	in the event(~하는 경우에)
	as if/as though(마치 ~인 것처럼)
	except that(~하는 경우를 제외하고)
	given that(~하는 점을 고려하면)
	so ~ that(너무 ~해서 너무~하다) → so 형용사 that
	such ~ that(너무 ~해서 너무 ~하다) → such 형용사 + 명사 that
	assuming that(~라고 가정해 볼 때)

≫ 시험에 나오는 (이유/양보/시간/조건/기타) 접속부사

접속부사의 형태	
however(그러나)	in fact(사실상, 부연설명)
therefore/thus/accordingly(그러므로)	instead(대신에)
moreover/furthermore/in addition(더욱이, 추가적으로)	then(그리고 나서)
	nevertheless/nonetheless(그럼에도 불구하고)
otherwise(그렇지 않으면)	if not(만약 ～가 아니라면)
even so(설령 그렇다 해도)	if so(만약 그렇다면)
for example, for instance(예를 들어)	likewise(그와 같이)

전/접/부 문제의 전치사 기출 예 1(전치사 정답)

> **예 102.** (　　　) the recent success, NE Company plans to open the second branch.

- 🔊 패턴: 보기에 전치사와 접속사 그리고 (접속)부사를 구별하는 문제
- 🔊 주의사항: 빈칸 뒤가 명사만 있다면 전치사를, 빈칸 뒤가 문장이 있다면 접속사를, 빈칸이 부사자리라면 부사를 남긴 후에 구별
- 🔊 보기의 예

  a) Owing to　　b) Because　　c) Therefore　　d) However

  - ➋ 정답 a). 빈칸 뒤가 명사만 있기에 전치사를 답으로 고른다. b) "때문에"는 이유의 부사절 접속사이기에 문장을 이끌고, c) "그러므로"와 d) "그러나"는 (접속)부사이기에 삭제한다. 이러한 문제는 해석 이전에 문법적 구별을 우선으로 한다.
  - ➋ 해석: NE Company는 최근 성공으로 인하여, 2번째 분점의 개업을 계획 중이다.

전/접/부 문제의 접속사 기출 예 2(접속사 정답)

> **예 103.** (　　　) NE Company exceeded the sales goal last year, the company plans to open the second branch.

◀ 패턴: 보기에 전치사와 접속사 그리고 (접속)부사를 구별하는 문제

◀ 주의사항: 빈칸 뒤가 명사만 있다면 전치사를, 빈칸 뒤가 문장이 있다면 접속사를, 빈칸이 부사자리라면 부사를 남긴 후에 구별

◀ 보기의 예

   a) According to   b) Because   c) Otherwise   d) Among

  ⮕ 정답 b). 빈칸 뒤가 문장이기에 접속사를 답으로 고른다. a)는 "(내용에) 따르면", d)는 "(셋 이상) 사이에"라는 전치사들이고 뒤에 명사(구)를 이끈다. c)는 "그렇지 않으면"이라는 의미를 가진 (접속)부사이기에 부사자리에만 위치할 수 있다. 따라서 정답은 b)

  ⮕ 해석: NE Company는 작년 영업목표를 초과했기 때문에, 2번째 분점의 개업을 계획 중이다.

  ⮕ TIP: 전치사와 접속사를 구별하기 힘들 때에는, "접속사 개수 + 1 = 동사의 개수" 라는 공식을 이용한다. 접속사가 없이도 파트5의 문장에는 무조건 동사가 1개는 필수로 들어가야 한다. 하지만 접속사가 추가될 때마다 동사가 추가되는 원칙을 공식으로 나타낸 것이다.

전/접/부 문제의 (접속)부사 기출 예 3(부사정답)

📋 104. Because this banquet is designed for our members, (   ) those with membership card can enter the party.

◀ 패턴: 보기에 전치사와 접속사 그리고 (접속)부사를 구별하는 문제

◀ 주의사항: 빈칸 뒤가 명사만 있다면 전치사를, 빈칸 뒤가 문장이 있다면 접속사를, 빈칸이 부사자리라면 부사를 남긴 후에 구별

◀ 보기의 예

   a) despite   b) unless   c) only   d) once

  ⮕ 정답 c). 빈칸 뒤가 문장이지만 이미 문장의 이유의 부사절접속사인 because가 자리 잡고 있다. "접속사 개수 + 1 = 동사의 개수"라는 공식에 대입해 보면, 동사

는 문장 전체에서 2개여야 하는데 이미 문장의 동사는 2개(is designed, can enter)가 있다. 따라서 문장을 이끌지 못하는 전치사인 a) "그럼에도 불구하고"와 동사의 개수로 인해 문법적으로 위치할 수 없는 접속사인 b) "만약 ~가 아니라면"과 d) "일단 ~하면"은 삭제하고 부사인 c)를 답으로 고른다.

◉ 해석: 이 연회는 우리 회원들을 위한 것이기 때문에, 오직 멤버십 카드를 소지한 분들만 이 파티에 들어오실 수 있습니다.

전치사/접속사/접속부사 2

학습목표 토익시험에 나오는 등위/상관접속사 및 부사절 축약구문 문법 학습

실전적용 파트56에서 전치사와 접속사 그리고 접속부사 문제 기출패턴 익히기

1 토익시험에 나오는 등위/상관접속사

① 등위접속사는 같은 품사나 단어의 의미를 대등하게 연결해 주는 접속사로서, 앞/뒤
구조가 병렬/병치로 같은 문법/의미를 가져야 한다.

and: 그리고	or: 혹은	but(=yet): 그러나	so: 그래서

예 1) You can park your vehicle **at the basement** (or) **in front of the entrance.**
(당신은 당신의 자동차를 지하주차장에 혹은 정문 앞에 주차할 수 있습니다.)

병렬/병치구조란 A와 B 앞/뒤 구문을 같은 품사로 맞춰주는 것을 의미한다. "전치사 + 명사" OR "전치사 + 명사"

예 2) **The lunch is free,** (but) **you should pay for the dinner service.** (점심은 무료
입니다. 하지만 저녁식사는 일정 요금을 지불하셔야 합니다.)

병렬/병치구조란 A와 B 앞/뒤 구문을 같은 품사로 맞춰주는 것을 의미한다. "문장" BUT "문장"

② 위에서 학습한 등위접속사는 짝을 이루는 상관접속사의 답의 단서로도 쓰인다. 시험에 나오는 등위/상관접속사를 암기한다.

상관접속사의 뜻	Example
A이거나 B이거나 선택	either A or B
A와 B 둘 다 아닌	neither A nor B
A와 B 둘 다	both A and B A and B alike
A뿐 아니라 B 역시	not only A but (also) B B as well as A
A와 B 사이	between A and B
A인지 B이건 간에 상관 없이	whether A or B

전/접/부 문제의 등위접속사 기출 예 1

> **예** 105. The manager can not attend the weekly meeting, (   ) the event is postponed until further notice.

- 🔊 패턴: 보기에 접속사/전치사를 구별하는 문제
- 🔊 주의사항: 등위접속사와 상관접속사가 보기에 함께 출제된 경우, 매칭이 되는지 아닌지를 우선 파악한다. 병렬/병치구조라면 등위접속사를, 매칭이 된다면(상관접속사와 등위접속사) 상관접속사 시리즈를 답으로 고른다.
- 🔊 보기의 예

   a) both   b) so   c) during   d) in

   - 정답 b). 빈칸 뒤가 문장이기에 접속사를 답으로 고른다. c)는 "~하는 동안"의 전치사이기에 문장을 이끌 수 없다. a)는 빈칸 뒤에 and가 있어야만 고를 수 있는 상관접속사이기에 답이 될 수 없다. 문장과 문장을 연결하면서, "그래서" 의미를 가진 등위접속사인 b)를 답으로 고른다.
   - 해석: 매니저는 주간 회의에 참석할 수 없을 것이다. 그래서 회의는 추후통지가 있을 때까지 연기되었다.

전/접/부 문제의 상관접속사 기출 예 2

> **예 106.** The manager can (   ) replace the new item or offer a full refund.

● 패턴: 보기에 접속사/전치사를 구별하는 문제

● 주의사항: 등위접속사와 상관접속사가 보기에 함께 출제된 경우, 매칭이 되는지 아닌지를 우선 파악한다. 병렬/병치구조라면 등위접속사를, 매칭이 된다면(상관접속사와 등위접속사) 상관접속사 시리즈를 답으로 고른다.

● 보기의 예

　a) either　　　　b) but　　　　c) instead of　　　　d) though

　➔ 정답 a). 보기에 상관접속사가 섞여 있다면, 우선 판단하는 습관을 가진다. 빈칸 뒤에 완전한 문장이 위치해야 하는 부사절접속사 d)는 삭제하고, c)는 "~대신에"의 전치사이기에 문장을 이끌 수 없다. a)는 뒤에 or와 함께 "either A or B(A이거나 B이거나 선택)"의 의미로 쓰이기에 정답과 어울린다. 상관접속사 정답

　➔ 해석: 매니저는 새로운 제품으로 교체해 주거나 전액 환불해 줄 수 있다.

전/접/부 문제의 상관접속사 기출 예 3

> **예 107.** The outdoor cafeteria will be built between East wing A (   ) South wing E-2.

● 패턴: 보기에 등위접속사와 상관접속사를 구별하는 문제

● 주의사항: 보기 4개가 모두 등위접속사와 상관접속사로 출제된 경우, 매칭이 되는지 아닌지를 우선 파악한다. 병렬/병치구조라면 등위접속사를, 매칭이 된다면(상관접속사와 등위접속사) 상관접속사 시리즈를 답으로 고른다.

● 보기의 예

　a) and　　　　b) or　　　　c) neither　　　　d) both

　➔ 정답 a). 보기에 상관접속사가 섞여 있다면, 우선 판단하는 습관을 가진다. 최근

토익시험에는 예3)처럼 보기가 모두 등위/상관접속사로 채워지는 경우는 드물다. 가장 난이도가 낮은 경우에 속한다. between은 and와 함께 "between A and B(A와 B 사이에)"의 의미로 쓰인다. 반드시 and가 아니라도 2개를 의미하는 명사가 뒤에 위치할 수도 있음에 유의한다.

➡ 해석: 새로운 실외 구내식당은 동쪽 부속건물 A와 남쪽 부속건물 E-2 사이에 지어질 것이다.

2 시험에 나오는 그 외 부사절접속사의 특징(축약구문)

주절의 주어가 부사절의 주어와 같다면, 부사절의 주어를 생략하고(be동사도 같이 생략), 부사절의 의미가 능동이면 -ing, 수동이면 -pp(-ed)로 고쳐주는 것을 부사절접속사의 축약구문 문법이라고 한다. 이때, 해석을 할 경우 주절의 주어를 데리고 오는 것이 특징이다.

참고로, 토익에서는 when, before, after, while 등이 축약구문으로 자주 출제되었다.

> 예 Mr. Donald receive a promotion to the upper position after (Mr. Donald) breaks(breaking) a sales record.

주절의 주어인 Mr. Donald를 부사절에서 생략하고, 능동의 의미이기에 동사를 -ing로 바꿔준다. 부사절 축약구문의 예

전/접/부 문제의 부사절 축약구문의 기출 예 1

> 예 108. (   ) applying for the position, you should check your resume again.

➡ 패턴: 보기에 접속사/전치사를 구별하는 문제

◀ 주의사항: 부사절 축약구문은 when, before, after, while 등 뒤에서 주절의 주어가 부사절의 주어와 같을 때, 능동이면 –ing로, 수동이면 pp로 바꿔주는 것을 말한다. 이때 주어는 생략한다.

◀ 보기의 예

a) Before   b) Or   c) If so   d) Despite

➡ 정답 a). 보기에 when, before, after, while 등이 있고, 빈칸 뒤에 –ing구문이 있다면 부사절 축약구문을 의심해 본다. 주절의 주어를 데리고 와서 해석할 경우, 능동의 의미가 맞기에, 부사절 축약구문으로 쓰일 수 있는 a)를 답으로 고른다. c)는 "만약 ~그렇다면"의 접속부사이기에 오답이다.

➡ 해석: 직원공고에 신청하기 전에, 당신의 이력서를 다시 한 번 확인해 주시기 바랍니다.

전/접/부 문제의 부사절 축약구문의 기출 예 2

예 109. Please refer to the enclosed manual when (   ) the printer at home.

◀ 패턴: 동사와 준동사를 구별하는 문제

◀ 주의사항: 부사절 축약구문은 when, before, after, while 등 뒤에서 주절의 주어가 부사절의 주어와 같을 때, 능동이면 –ing로, 수동이면 pp로 바꿔주는 것을 말한다. 부사절접속사가 아닌 동사를 축약형태로 물어보는 문제로도 출제된다. 이때 부사절의 주어는 생략하는 것이 특징이다.

◀ 보기의 예

a) install   b) installing   c) installation   d) installs

➡ 정답 b). 빈칸 앞이 부사절접속사 when이 있고, 보기는 동사를 구별하는 문제. 부사절접속사는 뒤에 완전한 문장이 들어가므로 동사원형인 a)는 사용할 수 없다. 주절의 주어와 부사절의 주어가 같은 축약구문을 예측할 수 있다. 동사인 install은 "설치하다"의 의미로 뒤에 목적어(printer)와 능동의 의미를 형성하므로, 정답은 능동일 때 부서절 축약구문 형태인 –ing의 b)를 답으로 고른다.

➡ 해석: 프린터를 집에서 설치할 때, 동봉되어진 매뉴얼을 참고해 주세요.

199

memo

실전기출분석 파트56

학습목표 DAY 14, 15에서 전치사/접속사/접속부사편을 공부하고 나서 문법 및 어휘 실제 기출패턴 문제들을 학습한다.

01   (   ) marketing professionals are allowed to register for the Recent E-Book Fair held at the community center.

a) Until   b) Only

c) Once   d) Whether

02   (   ) the salary negotiation is failed to reach an agreement, It is possible for Holland Manufacturing to restore normal operation.

a) Provided   b) Unless

c) That   d) Therefore

03   (   ) Midnight Cafe opens it's the second store in Newvile, the first 50 visitors will receive free pastries.

a) Now that

b) Soon

c) When

d) As though

04

(   ) the success of the newest espresso machine, Red-Mille's total revenues have grown 3-fold in the last year.

a) As a result of

b) However

c) Given that

d) Whereas

05

(   ) the month of November, Roadment Monthly's readership has increased by approximately 15 percent.

a) Against

b) For

c) During

d) While

06

Please be sure to turn off all lights (   ) leaving your office.

a) since

b) although

c) by

d) before

07

The keynote speakers should attend the presentation rehearsal (   ) minimize their minor errors and check time limit.

a) seldom

b) instead of

c) in case

d) in order to

08

(   ) Donington Toy's third quarter was not profitable, the firm decided to expand into Asia market.

a) Although
b) Notwithstanding
c) However
d) As if

09

(   ) the new recycling policy, bottles are prohibited to throw away into the trash bins without an proper envelope.

a) Between
b) Along
c) Though
d) According to

10

No one (   ) a registration permit will be granted admission to the Winter Amusement Park.

a) because
b) instead of
c) without
d) for example

11

Due to the many restrictions, passengers should arrive at the gate at least 1 hour (   ) departure time.

a) ahead of
b) in advance
c) during
d) prior to

12

(   ) the operating costs are approved, each department head will purchase office equipment.

a) Throughout

b) Once

c) Unless

d) Otherwise

13

Gerom Museum will hire a marketing assistant not only to be responsible for the general advertising tasks (   ) to be in charge of handling customers' inquiries.

a) how

b) but

c) in

d) whether

14

The share holders held a urgent meeting (   ) the unexpected retirement of the company's vice president.

a) until

b) regarding

c) with

d) in order that

15

(   ) offering a discount voucher, Hidel Books provides first time customers a free delivery.

a) In addition to

b) As long as

c) By

d) Against

16

( ) renovation in progress at the Olympic stadium, young athletes will be prohibited to use the site.

a) Owing to
b) Since
c) Even though
d) Such as

17

Kentom Co. is trying to improve the productivity ( ) reducing the operating costs.

a) before
b) while
c) without
d) thus

18

Yesterday's power failure will be thoroughly inspected ( ) the reason is definitely proved.

a) in spite of
b) in the event that
c) until
d) considering

19

Most of the return policy's detailed terms are same, ( ) some information about damaged items is deleted.

a) except that
b) assuming that
c) regardless of
d) if so

20

( ) the unexpected weather conditions, it is imperative that the company's annual retreat be held for cross-functional communication.

a) Since then

b) As long as

c) Unlike

d) Except for

21

Considering a excellent ( ) last year, we look forward to seeing more people at this year's Professional Development Workshop.

a) direction

b) material

c) publication

d) attendance

22

Ms. Greeta has been a talented ( ) dealer since she can easily select a customized real estate.

a) financial

b) property

c) administrative

d) general

23

The ( ) for the Seoul Restoration Symposium will be posted on the city council's web site by 1 PM on this Thursday.

a) calender

b) intention

c) agenda

d) price

24

Klara Fashions (   ) shipping fees for those who order over 50$ through its online store.

a) waives

b) updates

c) provides

d) persuades

25

The semi-final competition will begin (   ) at 10 AM this upcoming Sunday.

a) attractively

b) precisely

c) environmentally

d) potentially

26

It was (   ) agreed that Mr. Osbourne's prototype model for next year's exposition.

a) exclusively

b) unanimously

c) frequently

d) rapidly

27

The Euroka String Software (   ) musicians compose a song more easily with their keyboard.

a) helps

b) acts

c) works

d) invites

28

It is essential for manufacturers to produce goods efficiently to avoid a (　　　).

a) profit

b) satisfaction

c) deficit

d) advice

29

A record of (　　　) in job performance is recommended for the senior manager at department's stores.

a) excellence

b) survey

c) expansion

d) interest

30

Tomb Education has recently undergone a significant (　　　) because it has managed to double the size of current workers.

a) information

b) promptness

c) evaluation

d) transformation

e) occasion

파트6 　그냥 대충 풀지 마세요

문제풀이 전략

1단계: 맥락파악이 우선입니다.

파트6는 Mini 파트7입니다. 단순 문법/어휘문제처럼 푸는 파트5와 달리, 파트6의 시작은 지문의 맥락파악입니다. 글을 쓴 사람과 읽는 사람의 정보, 그리고 주제키워드를 찾는 것을 맥락파악이라고 합니다.

🔊 맥락파악은? 1번 문제를 풀기 전에, 혹은 문제를 풀면서…

1) 글을 쓴 사람?
2) 글을 읽는 사람?
3) 주제키워드(+제목)?

2단계: 앞/뒤 문장을 통해 개연성 찾기

파트6는 한 문장만을 보면서 푸는 문제가 아닙니다. 물론, 파트7처럼 문맥의 흐름을 파악하며 해석하는 것이 문제풀이의 기본입니다. 그러한 독해지문 사이에 빈칸을 두고 알맞은 단어를 고르는 것이 파트6의 문제입니다. 앞/뒤 문장 그리고 문맥의 맥락을 통해서 개연성을 찾는 것이 중요합니다.

🔊 앞/뒤 문장 개연성 찾기?
파트6의 어휘문제와 동사/시제문제에 적용

3단계: 신유형 "문장 넣기"는 삭제/소거

파트6의 신유형 문장 넣기는 각 지문에 1문제씩 출제됩니다. 기초문법과 어휘를 끝낸

209

뒤 풀기에는 가장 어려운 문제처럼 느껴지시죠? 이 문제의 정답은 지나치게 세부적으로 나오는 반면, 오답보기는 흐름상 어울리지 않는 것을 쉽게 걸러낼 수 있는 특징이 존재합니다. 그래서 이러한 문제는 정답을 고른다기보다, 어울리지 않는 보기를 삭제하며, 정답에 접근하는 것이 필요합니다.

🔊 먼저... 맥락파악부터 해보세요.

1) 글을 쓴 사람?

2) 글을 읽는 사람?

3) 주제키워드(+제목)?

찾으셨나요? 그 후에 문장 앞/뒤를 보며 개연성을 찾아가면서 답을 골라보세요.

Refer to the following memo

To: All Iaan Digital Praza staff
From: Dmitri Knovolov, Personnel Director
Date: 12 Jan
Subject: Web-Site Upgrade

Hello, Everyone. Our web-site's maintenance regarding the intranet system 31.
(   ). TAD Intranet 5.0 version has operated in our company for 3 years,
but we need a more comprehensive system for this new year. Because there
are more employees using our intranet system 32. (   ) their personal
e-mail, it is important to grow 33. (   ) of the system.

It's called "TAD Intranet 6.0" It is faster and easier for our staff to deal with
several tasks by using the computer. 34. (   ). This upgrade project typi-
cally occurs in 24 hours. During the period, there are not available on the
internet.

Please feel free to call me with any questions regarding this project.

31   a) will be implemented.   b) has been implemented.

      c) is implemented.   d) implemented.

32   a) furthermore   b) for example

      c) as well as   d) instead of

33   a) schedule   b) capacity

      c) quote   d) treatment

34
   a) However, it is designed for those who work at home.

   b) New payroll system will offer all employees more benefits

   c) In addition, a variety of technical functions will be added.

   d) Moreover, reviews of our patrons will be posted on the bulletin board on the third floor.

해설

01 • 정답: b)
- 해석: 오직 마케팅 전문가들만 커뮤니티 센터에서 열리는 Recent E-Book Fair에 등록하실 수 있는 허락이 주어집니다.
- 생각의 단계: 보기는 전치사/접속사/(접속)부사를 구별하는 문제이다. 빈칸 뒤에 문장이어서 얼핏 접속사자리처럼 보이지만, 동사가 하나(are)만 있기에 접속사가 들어갈 공간이 없다. 따라서 보기에서 부사인 b) "only. 오직"을 정답으로 고른다.
- 기초들의 실수: 뒤에 문장만을 보고 접속사인 a)나 c)를 고르지 않도록 조심하세요.
"접속사 개수 + 1 = 문장 전체의 동사개수"라는 공식을 이용하면, 이러한 실수를 줄일 수 있을 거예요.
- professional: 전문적인(형용사), 전문가(명사). allow: 허락하다. register for: ~에 등록하다

02 • 정답: b)
- 해석: 연봉협상이 합의에 실패하지만 않는다면, Holland Manufacturing은 정상 가동될 가능성이 있다.
- 생각의 단계: 보기는 전치사/접속사/(접속)부사를 구별하는 문제이다. 빈칸 뒤가 문장이고, 완전한 문장이 주절포함 2개이므로 부사절접속사인 a) "만약 ~라면(provided that)"과 b) "만약 ~가 아니라면" 중 해석상 어울리는 b)를 답으로 고른다.
- 기초들의 실수: provided는 that을 생략하여 조건 부사절접속사로 쓰입니다. if와 같은 뜻이에요. 특히 unless가 답일 때에는 해석이 까다롭기에 문장의 해석을 통해 unless의 쓰임새를 정확히 익혀두세요.
- salary: 월급, 연봉. negotiation: 협상. reach an agreement: 합의에 도달하다. restore: 복구하다. normal operation: 정상가동. unless: 만약 ~가 아니라면

03 • 정답: c)
- 해석: Midnight Cafe는 Newvile 지역에 2번째 상점을 개업하는 날, 첫 50명 고객들에게 무료 빵을 제공할 계획이다.
- 생각의 단계: 보기는 전치사/접속사/(접속)부사를 구별하는 문제이다. 빈칸 뒤가 문장이면서 완전한 문장이 주절 포함 2개가 있으므로, 부사절접속사를 답으로 고른다. 보기에서는 a) " 때문에", c) "~할 때" 그리고 d) "마치 ~인 것처럼" 중에서 해석상 어울리는 c)를 답으로 고른다.
- 기초들의 실수: 답을 맞추기보다 구별하는 것에 집중해야 합니다. 시험에 나오는 부사절접속사를 충분히 암기하지 않으면, 위 문제 보기에서 접속사는 b)만 보일 수도 있어요. 정답으로 출제가 잦지 않았더라도 기출패턴에 있는 부사절접속사들은 반드시 암기하고 실전을 하셔야 합니다. 참고로 d)

as though는 오답으로 자주 출제되는 접속사입니다.

- soon: 곧, 곧바로. now that: 때문에(이유의 부사절접속사). as though: 마치 ～인 것처럼(=as if)

□4 ・ 정답: a)

- 해석: 새로 출시한 에스프레소 머신의 성공에 따라, Red-Mille의 전체수익은 작년에 비해 3배나 성장했다.

- 생각의 단계: 보기는 전치사/접속사/(접속)부사를 구별하는 문제이다. 빈칸 뒤는 명사(구)가 있기에, 보기에서 전치사인 a)를 답으로 고른다.

- 기초들의 실수: 전/접/부 문제는 처음부터 해석으로 풀지 말고, 빈칸 뒤가 절인지 구인지부터 판단하여 접근하는 것이 중요합니다. 가끔 해석이 부자연스럽거나 보기의 단어를 몰라도, 위의 문제처럼 블랭크 뒤가 명사만 있다면, 보기에서 전치사만 고르면 되겠죠? 이처럼 정답이 쉽게 도출 가능한 문제들도 출제됩니다.

- revenue: 수익. 3-fold: 3배. as a result of: ～의 결과에 따라. given that: ～을 고려하면. whereas: 반면에

□5 ・ 정답: c)

- 해석: 11월 한 달 동안, Roadment Monthly의 구독자는 거의 15퍼센트 가까이 늘어났다.

- 생각의 단계: 보기는 전치사/접속사/(접속)부사를 구별하는 문제이다. 빈칸 뒤에는 명사만 있기에 a) "～향하여"와 b), c) "～하는 동안"을 남기고 해석상 "11월 한 달 동안"이라는 말이 어울리므로 정답은 c)를 고른다. 전치사 for 역시 "～하는 동안"으로 해석될 수 있지만, 뒤에 기간표현이 위치해야 한다.

- 기초들의 실수: during은 뒤에 직접적인 시간표현이 오지 못하는 특징으로 인해, b)를 오답으로 고를 수 있어요. 빈칸 뒤에 November만 있었다면 during은 오지 못하지만, the month라는 명사가 있기에 오히려 일반명사가 위치한 구문입니다.

- readership: 구독률. approximately: 대략, 약

□6 ・ 정답: d)

- 해석: 사무실을 떠나기 전에, 모든 전등이 꺼져 있는지 반드시 확인해 주세요.

- 생각의 단계: 보기는 전치사/접속사/(접속)부사를 구별하는 문제이다. 빈칸 뒤에 -ing형태로만 단어가 있는 것으로 보아, 부사절 축약구문일 가능성이 있다. 부사절축약은 주절의 주어가 같을 때 부사절의 주어를 생략하는 구문을 말한다. 의미가 능동일 때에는 동사를 -ing로, 수동의 의미일 때에는 pp형태로 나타낸다. 따라서 정답은 d)

- 기초들의 실수: 동명사를 이끄는 전치사 by(～함에 의하여)를 고르지 않도록 조심합니다. 참고로 토익에서 부사절 축약구문으로 자주 출제되는 부사절접속사는 when, before, after, while 등이 있

으며, 주절의 주어를 데리고 와서 해석을 하면 쉽게 파악할 수 있습니다.

· turn off: 끄다. leave: 떠나다

□7 · 정답: d)

· 해석: 기조 연설자들은 제한시간을 확인하고 그들의 사소한 실수들을 줄이기 위하여, 발표 리허설에 반드시 참석하셔야 합니다.

· 생각의 단계: 보기는 전치사/접속사/(접속)부사를 구별하는 문제이다. 빈칸 뒤에 동사원형 (minimize)이 있으므로, to부정사 구문인 d)를 답으로 고른다.

· 기초들의 실수: 부사절접속사는 주어와 동사를 주축으로 완전한 문장이 뒤에 옵니다. 따라서 c)는 오답이에요.

· attend: 참석하다. in case: ~하는 경우에 한하여, minimize: 줄이다. in order to: ~하기 위하여 (+ 동사원형)

□8 · 정답: a)

· 해석: Donington Toy의 3분기 실적이 좋지 않았음에도 불구하고, 회사는 아시아 시장으로의 해외 진출을 결정했다.

· 생각의 단계: 보기는 전치사/접속사/(접속)부사를 구별하는 문제이다. 빈칸 뒤가 문장이며, 완전한 문장이 2개가 있으므로, 부사절접속사를 답으로 고른다. 보기에서 a) "그럼에도 불구하고"와 d) "마친 ~인 것처럼" 중에서 해석상 어울리는 a)를 답으로 고른다.

· 기초들의 실수: 토익문제를 많이 풀다 보면, 오답으로 많이 출제되는 단어 역시 암기해 둘 필요가 있다. as if는 부사절접속사이기는 하지만, 출제빈도가 가장 낮은 편에 속한다.

· profitable: 수익을 내는. expand: 확장하다, 해외진출하다(+into). notwithstanding: 그럼에도 불구하고(전치사, 부사). as if: 마치 ~인 것처럼

□9 · 정답: d)

· 해석: 새로운 재활용정책에 따르면, 물병은 적절한 봉투 없이 쓰레기통에 버리는 것이 금지되어 있다.

· 생각의 단계: 보기는 전치사/접속사/(접속)부사를 구별하는 문제이다. 빈칸 뒤에는 명사만 있으므로, 보기에서 전치사만 남긴 후에 특징 및 해석으로 구별한다. 전치사 b) "~를 따라서"는 장소전치사이기에 어울리지 않는다. 정답은 d)

· 기초들의 실수: b)와 d) 모두 "~에 따라서"의 의미로 쓰일 수 있지만, b) along은 장소전치사이고, d)는 내용이 담긴 일반명사(예: document류) 등이 위치합니다.

· recycling: 재활용. prohibit: 금지하다. throw away: 버리다. proper: 적절한. envelop: 봉투. according to: (내용에) 따르면

10 · 정답: c)

- 해석: 등록 허가증이 없는 누구도 Winter Amusement Park에 입장하실 수 없습니다.

- 생각의 단계: 보기는 전치사/접속사/(접속)부사를 구별하는 문제이다. 빈칸 뒤가 문장이기는 하지만 문장 전체의 동사가 1개(will be granted)이기에 접속사는 들어갈 수 없다. 따라서 "A (전치사) B" 와 어울리는 주어구문을 만들어야 한다. "허가증이 없는 Anyone 누구도"라는 주어표현이 어울리기에 정답은 c)

- 기초들의 실수: 뒤의 문장만 보고 부사절접속사인 a) " 때문에"를 고르지 않도록 조심합니다. 부사절접속사는 완전한 문장이 2개 있어야 들어갈 수 있어요.

- permit: 허가증. grant: 주다, 수여하다(4형식 동사). admission: 입장

11 · 정답: d)

- 해석: 많은 제약들로 인하여, 승객들은 최소한 출발시간 1시간 전에는 게이트에 도착해야 합니다.

- 생각의 단계: 보기는 모두 전치사 문제. 보기 모두 "이전에, 전에"라는 뜻을 가지고 있지만, d)는 직접적인 시간표현 대신 시간을 의미하는 일반명사가 온다. 따라서 정답은 d)

- 기초들의 실수: 단순전치사(보기 모두 전치사 문제) 문제는 정답을 고르는 것도 중요하지만, 오답을 삭제/소거하는 것부터 출발하는 것이 도움이 됩니다.

- restriction: 제한. at least: 적어도, 최소한. in advance: 미리. during: ～하는 동안

12 · 정답: b)

- 해석: 운영비용의 허가가 일단 떨어지면, 각 부서의 부장님들은 사무용 비품들을 구매할 것입니다.

- 생각의 단계: 보기는 전치사/접속사/(접속)부사를 구별하는 문제이다. 빈칸 뒤가 문장이고 완전한 문장이 2개이기에 부사절접속사인 b) "일단 ～하면"과 c) "만약 그렇지 않다면"을 남긴 후에 구별한다. 의미상 b)가 적절하다. once는 조건의 부사절접속사로서, 부사절의 내용이 먼저 일어나는 것을 조건으로 두고, 주절의 내용이 뒤이어 이어지는 상황을 표현할 때 쓰인다.

- 기초들의 실수: d) "otherwise"는 접속부사로서 문장을 연결하지는 못하고 부사자리에 위치합니다. 시험에 나오는 접속사와 접속부사를 최대한 암기하는 것이 중요합니다.

- operating cost: 운영비용. approve: 승인하다. office equipment: 사무용 기기. unless: 만약 ～가 아니라면

13 · 정답: b)

- 해석: Gerom Museum은 전반적인 마케팅 업무뿐 아니라, 고객질문들을 다루는 업무까지 담당할 마케팅 비서를 한 명 고용할 것이다.

- 생각의 단계: "not only A but also B(A뿐 아니라 B역시)" 구문에 따라 정답은 b)를 고른다. also 는 생략이 가능하다.

- 기초들의 실수: to부정사만을 보고 a)나 d)를 오답으로 고르지 않도록 한다. 등위상관접속사의 A, B(예: A or B)는 같은 품사/비슷한 의미끼리 맞춰주는 것을 말합니다. to부정사끼리 연결한 형태라고 보면 되겠죠?
- be responsible for: ~을 책임지는. general: 일반적인. be in charge of: ~을 담당하다. handle: 다루다

14 • 정답: b)
- 해석: 주주들은 회사 부사장의 갑작스런 은퇴에 관한 긴급회의를 가졌다.
- 생각의 단계: 보기는 전치사/접속사/(접속)부사를 구별하는 문제이다. 빈칸 뒤는 명사만 있기에 접속사로서의 a) "~까지(시간의 부사절접속사)"와 d) "~하기 위하여"는 삭제한다. 의미상 "~에 관한"의 의미로 쓰인 b)가 알맞다.
- 기초들의 실수: b)는 -ing로 끝나는 단어이다 보니 전치사처럼 생기지 않았죠? 유의어로는 concerning, pertaining to, about 등이 있습니다. 이것을 암기하지 않은 경우, 무조건 전치사를 고르다가 c)를 오답으로 고를 수 있음에 주의하세요.
- shareholder: 주주. retirement: 은퇴

15 • 정답: a)
- 해석: Hidel Books는 처음 방문하는 고객들에게 할인 쿠폰뿐 아니라, 무료배송을 실시하고 있다.
- 생각의 단계: 빈칸 뒤에 동명사를 이끄는 전치사를 답으로 고르는 문제이다. a) "게다가"는 주절의 내용을 기반으로 추가적인 내용을 부사구에 언급할 때 사용되는 전치사이다.
- 기초들의 실수: 전치사 by는 주로 뒤에 동명사를 이끌면서, 방법/수단을 의미하는 전치사입니다. "(~함에) 익하여"로 해석되기에 위 문장에는 적합하지 않습니다. 이처럼 문제집에서 풀다가 정답으로 나왔던 것을 습관적으로 고르는 오답패턴을 조심해야 합니다. 또한 in addition to는 전치사이지만, to가 빠진 in addition은 접속부사입니다.
- as long as: ~하는 한. by: (~함)에 의하여. 주로 동명사를 뒤에 이끈다. in addition to: 게다가, +@로

16 • 정답: a)
- 해석: Olympic stadium의 공사가 진행 중이기에, 어린 운동선수들은 그곳에 출입이 금지되어질 것이다.
- 생각의 단계: 보기는 전치사/접속사/(접속)부사를 구별하는 문제이다. 빈칸 뒤에 명사(구)만 있기에 전치사를 답으로 고른다. 보기에서 전치사로 쓰일 수 있는 것은 a) " 때문에"와 d) "~와 같은"이다. 하지만 d)는 앞의 대표명사를 뒤에서 나열해 줄 때 쓰이기에 문두에는 사용할 수 없다.
- 기초들의 실수: 전치사와 접속사를 문법적으로 먼저 구별하지 않으면, 해석상 b)도 이유로 쓰이기에

오답을 고를 수 있습니다.
- renovation: 보수공사. progress: 진행, 과정. athlete: 운동선수. prohibit: 금지하다

17 • 정답: b)
- 해석: Kemtom은 운영비용을 줄이면서 생산성을 높이는 방안을 시도 중이다.
- 생각의 단계: 보기는 전치사/접속사/(접속)부사를 구별하는 문제이다. 보기 중에 부사절 축약구문으로 자주 쓰이는 a) "~이전에"와 b) "~하는 동안"이 있다. 이 경우 주절의 주어를 부사절로 데리고 와서 우선 판단하는 것을 원칙으로 한다. 해석상 b)가 어울린다.
- 기초들의 실수: 부사절 축약구문을 학습하고 난 후, 무조건 a)로 오답을 고를 수 있음에 주의하세요. 부사절 축약구문이란, 무조건 뒤에 -ing가 들어가는 것이 아니라, 주절의 주어와 부사절의 주어가 같을 때만 쓰이는 문법(축약구문)이기에 문제패턴을 익힌 후에 해석으로 구별하세요.
- productivity: 생산성. reduce: 줄이다

18 • 정답: d)
- 해석: 어제 정전사태는 이유가 확실하게 밝혀질 때까지 철저하게 조사되어질 것입니다.
- 생각의 단계: 보기는 전치사/접속사/(접속)부사를 구별하는 문제이다. 빈칸 뒤가 문장이고 완전한 문장 2개를 이끌기 때문에 부사절접속사를 답으로 고른다. b) "~하는 경우에"와 c) "~까지" 중 d)가 해석상 어울린다.
- 기초들의 실수: c)는 전치사 겸 접속사로 쓰일 수 있습니다. before, after 등도 마찬가지죠. 작은 부분을 놓치면, 무조건 b)를 오답으로 고를 수 있겠죠?
- power failure: 정전. thoroughly: 철저하게. definitely: 확실하게

19 • 정답: a)
- 해석: 손상된 제품에 관한 몇몇 정보를 생략한 것을 제외하면, 대부분의 환불정책의 상세 조항들은 같다.
- 생각의 단계: 보기는 전치사/접속사/(접속)부사를 구별하는 문제이다. 빈칸 뒤가 문장이고 완전한 문장 2개를 연결해 주는 부사절접속사의 자리이다. 보기에서 a) "~은 제외하고"와 b) "~라고 가정할 때"를 남긴 후에 해석으로 구별한다. 해석상 주절과 부사절이 상반된 내용을 말하고 있으므로, 정답은 a)로 고른다.
- return policy: 환불정책. terms: 조항. assuming that: ~라고 가정해 볼 때

20 • 정답: d)
- 해석: 예상치 못한 궂은 날씨만 제외하면, 회사의 연간 야유회가 열리는 것은 서로 간의 친목도모를 위해서 매우 중요하다.

- 생각의 단계: 보기는 전치사/접속사/(접속)부사를 구별하는 문제이다. 빈칸 뒤는 명사만 있기에 전치사만 남긴다. 보기에서 a)는 접속부사 b)는 접속사이니 삭제. c) "～와 달리"와 d) "～은 제외하고"를 남긴 후에 해석으로 구별한다. 해석상 d)가 어울리므로 정답
- imperative: 매우 중요한. retreat: 후퇴, 야유회(소풍). cross-functional communication: 상호간의 친목도모

21 • 정답: d)
- 해석: 작년 엄청난 출석률을 고려하면, 이번 연도 Professional Development Workshop에서는 더 많은 사람들을 볼 수 있을 것으로 기대된다.
- 생각의 단계; 보기는 명사 어휘문제로서, 부사구인 considering(～을 고려하면) 뒤의 표현을 단서로 생각한다. 더 많은 사람(참가자)을 볼 수 있는 이유가 부사구의 내용이기에, "높은 참석(출석)률"이라는 뜻이 알맞다. 따라서 정답은 d)
- attendance: 참석, 출석(률). publication: 출판. look forward to: 엄청 기대하다.

22 • 정답: b)
- 해석: Greeta는 맞춤형 부동산을 쉽게 골라주기에 유명 부동산중개인으로서의 명성이 자자하다.
- 생각의 단계: since가 이유의 부사절접속사로 사용되었기 때문에, 부사절을 답의 단서로 활용하면, 주절 주어(주인공)의 직업명을 고를 수 있다.
- property dealer: 부동산중개인(=real estate agent)

23 • 정답: c)
- 해석: Seoul Restoration Symposium에 필요한 회의 안건은 이번 목요일 오후 1시 시의회의 웹사이트에 공고될 것이다.
- 생각의 단계: 주어 명사자리 어휘문제이다. A for B는 "B를 위한 A"로 해석되기에 FOR 뒤에 있는 명사가 답의 단서가 될 수 있으며, 동사가 post(게시하다)인 것 역시 주어가 document로 표현될 명사라는 것을 짐작할 수 있다. 따라서 회의에 필요한 document가 어울리기에 정답은 c) "안건"
- post: 게시하다. intention: 의도. agenda: 안건

24 • 정답: a)
- 해석: Klara Fashions은 온라인 상점을 통해 50달러 이상 구매한 고객님들께는 배송비를 면제해 드립니다.
- 생각의 단계: 보기는 동사 어휘문제. 빈칸 뒤 목적어인 shipping fee(배송비)만 가지고 답을 고를 수는 없다. 부사구를 살펴보면, 온라인상점을 통해 50달러 이상 구매고객들에게 한정하는 내용이므로, 혜택의 개념이 들어가야 한다. 배송비는 면제되어야 혜택에 가까우므로 정답은 a)

- shipping fee: 배송비. order: 주문하다. through: ~을 통하여. waive: 면제하다. persuade: 설득하다

25 · 정답: b)
- 해석: 준결승 매치는 다가오는 일요일 오전 10시에 정확하게 시작할 것이다.
- 생각의 단계: 보기는 자동사 뒤 부사 어휘문제. 빈칸 뒤에 정확한 시점을 기재한 것은 정확한 시작 시간을 말하는 문장이기에, 정답은 b) "정확하게"로 고른다.
- competition: 경쟁, 대회. precisely: 정확하게. potentially: 잠재적으로. upcoming: 다가오는

26 · 정답: b)
- 해석: 내년 박람회를 위한 Osbourne의 프로토타입이 만장일치로 동의를 받았다.
- 생각의 단계: 동사 agree(동의하다)를 꾸며주는 부사 어휘문제이다. 부사는 삭제해도 문장의 의미전달에 영향을 끼치지 않기에, "모두가 동의했다"라는 만장일치의 뜻을 가진 b)가 정답이다.
- unanimously: 만장일치로. exclusively: 오직. frequently: 자주. exposition: 전시회, 박람회

27 · 정답: a)
- 해석: The Euroka String Software는 뮤지션들이 그들의 키보드와 함께 노래를 더 쉽게 작곡할 수 있도록 도와준다.
- 생각의 단계: 동사 어휘문제. b)와 c)는 자동사이기에 뒤에 목적어가 붙지 않는다. help는 준사역동사로서, 목적어 뒤에 동사원형이 오는 구조를 가진다. 따라서 정답은 a). "help + 목적어 + (to)동사원형"구조라고 생각해 두자.
- compose: 작곡하다.

28 · 정답: c)
- 해석: 제조업체들은 적자를 피하기 위하여 제품 생산을 효율적으로 하는 것이 필수적이다.
- 생각의 단계: to부정사 구문이 avoid(피하다)라는 동사가 있기에, 부정적인 단어가 목적어로 들어감을 알 수 있다. 보기에서 부정어는 c) "적자"이다.
- essential: 필수적인. avoid: 피하다. deficit: 적자

29 · 정답: a)
- 해석: 백화점에서 시니어 매니저가 되려면 직업수행능력에서 뛰어난 점수를 받는 것이 요구된다.
- 생각의 단계: 주어자리 명사 어휘문제. 시니어는 회사 내에서 비교적 높은 위치를 언급한 것이고, 주장동사(recommend)를 사용한 것은 자격요건을 말한 것이기에, 정답은 a) "뛰어남"이 어울린다.
- expansion: 확장, 해외진출. recommend: 주장/요구/제안/의무 동사

30 · 정답: c)

  · 해석: Tomb Education은 직원의 수를 2배로 늘렸기에, 최근 상당한 변화를 겪었다.

  · 생각의 단계: 보기는 주절의 동사, 목적어, 명사 어휘문제이다. 문장에서 이유의 부사절접속사인 because를 살펴보면, 직원의 수가 2배 늘어난 것을 알 수 있다. 따라서 겪은(undergo) 일은 변화 임을 짐작할 수 있다. 따라서 정답은 c)

  · undergo: 겪다. transformation: 변화

해석과 맥락파악. 정답과 해설

수신인: 모든 Iaan Digital Praza 사원들
발신인: Dmitri Knovolov, 인사부 디렉터
날짜: 1월 12일
제목: 웹사이트 업그레이드

안녕하세요 모두들. 우리 인트라넷 시스템에 관한 웹사이트의 유지/보수작업이 시행될 예정입니다. TAD Intranet 5.0 version을 지난 3년간 사용해 왔는데요, 그러나 이번 연도에는 더욱 포괄적인 시스템을 필요로 하게 되었습니다. 더 많은 사원들이 개인 이메일 대신 회사의 인트라넷을 이용하기에, 시스템의 용량을 증가시키는 것이 중요한 일이 되었습니다.

일명 TAD Intranet 6.0라고 불리는 새로운 시스템은 여러분들이 컴퓨터를 이용하여 업무를 처리하는 데 있어 더욱 빠르고 편리한 시스템입니다. 게다가, 다양한 기술적인 기능들도 추가되었습니다. 이 프로젝트의 업그레이드 기간은 보통 24시간이 걸린다고 들었습니다. 이 기간 동안 인터넷 사용이 불가능합니다.

이 프로젝트에 관하여 질문이 있다면, 언제든 연락주세요.

1) 글을 쓴 사람? 같은 회사 인사부 디렉터
2) 글을 읽는 사람? 같은 회사 사원들
3) 주제키워드(+제목)? 웹사이트 업그레이드 작업 예정. 인터넷 연결 사용 금지

31 · 정답: a)

  · 해설: 파트6의 동사는 동사시제가 단순하게 나오지 않는다. 보기의 동사를 해석하고(시행하다) 문맥 상 흐름에서 시행된(될) 시기를 단서로 찾는 문제가 파트6의 동사문제이다. 지문 전체에서 아직 하

지 않은 업그레이드 작업을 말하고 있기에 미래형 동사를 답으로 고른다.

32 • 정답: d)

• 해석: d)번의 "대신에"는 "A instead of B(B 대신 A)"라는 뜻으로 쓰인다. 따라서 앞/뒤가 병치구 문처럼 보이는 것이 답의 단서. "개인 이메일 대신 회사 시스템을 이용하다"라는 표현이 어울리므로 답은 D)를 고른다.

33 • 정답: b)

• 해설: 더 늘어난 사원들의 시스템 이용이 더 많은 용량의 증가를 필요로 하기에, 정답은 해석상 어울 리는 b)를 고른다.

34 • 정답: c)

• 해설: 신유형 문제 중 하나인 문장 넣기는 정답을 고르는 것뿐 아니라, 삭제/소거를 통해 정답에 접 근하는 것이 중요하다. 정답은 매우 세부적인 것에 비해, 흐름상 어울리지 않는 오답은 비교적 확실 하게 보이기 때문이다. 새로운 인트라넷 시스템의 장점을 소개하고 있기에 정답은 c)번이 알맞다. 고객의 리뷰를 언급한 d)번이나 새로운 급여시스템을 언급한 b)번은 정답과 어울리지 않는다.

전치사/접속사/접속부사 3

토익시험에 나오는 기본전치사 학습

파트56에서 전치사와 접속사 그리고 접속부사 문제 기출패턴 익히기

(Warming Up) 들어가기 전

⊙ 전/접/부 문제 패턴

보기에 전치사와 접속사 그리고 부사가 섞여 있는 문제의 유형
- (빈칸) 뒤에 명사만 있다면 전치사만 남기기
- (빈칸) 뒤에 문장이 있다면 접속사만 남기기
- (빈칸) 뒤가 막혀있거나, 부사자리라면 부사만 남기기

1 시험에 나오는 기본전치사(시간/장소)

DAY 15에서 부사구 전치사를 제외한 기본전치사 문제 역시 매달 출제됩니다. 시간표현이 뒤에 오는 시간전치사들을 암기하고 시점과 기간의 구별을 학습하고, 다양한 장소전치사에 대하여 암기하는 것을 목표로 합니다.

1) 시간전치사

⇒ 기본 시간전치사

기본 시간전치사로는 in, on, at이 있으며, 이들은 장소전치사로도 쓰인다. 또한 이들 외에 빈칸 뒤 시간표현에 따라 다양한 전치사가 가능하다.

- in: 뒤에 월/연도 등의 기간(넓은 시간 표현). "~에"로 해석

    in June(6월에), in 2020(2020년에)

- on: 뒤에 정확한 날짜/요일 등이 위치. "~에"로 해석

    on Tuesday(화요일에), on September 8(9월 8일에)

- at: 뒤에 정확한 시간이 위치. "~에"로 해석

    at 2PM(2시에), at midnight(자정에)

≫ 시점전치사 vs 기간전치사

시점전치사(when)	기간전치사(how long)
by Tuesday(화요일 까지. 마감) Until Tuesday(화요일 까지. 지속) after 2PM(오후 2시 이후) before 2PM(오후 2시 이전) since 1989(1989년도부터 쭈욱) from now on(지금부터)	within 2days(2일 이내에) for 3 years(3년 동안) over 3 months(3개월 동안) throughout the winter(겨우 내내)

시간전치사 문제의 패턴

> 예 101. Flysky Edu has operated (   ) the past 3 years.

- 📢 패턴: 보기에 시간전치사 중 시점과 기간을 구별하는 문제
- 📢 주의사항: 빈칸 뒤의 시간이 시점이면 시점전치사를, 기간이면 기간전치사로 답을 고르는 문제이다(위의 표 참조).

🔊 보기의 예

a) until   b) over   c) of   d) despite

⊙ 정답 b). 빈칸 뒤에 기간표현이 있기에 시간전치사가 아닌 c)와 d)는 삭제한다.
보기 중 a) "~까지, 지속"은 시점전치사이기에, b) "~하는 동안"을 답으로 고른다.

⊙ 해석: Flysky Edu는 지난 3년 동안 운영되고 있다.

2) 장소전치사

🔁 기본 장소전치사

기본 시간전치사로는 in, on, at이 있으며, 뒤의 장소표현에 따라 다양한 전치사가 가능하다. 모두 "~에"로 해석된다.

- in: 뒤에 공간개념의 장소가 위치. "~안에"

  in the room(그 방 안에), in the cabinet(캐비닛 안에)

- on: 뒤에 표면을 가진 장소가 위치. "(표면) 위에"

  on the board(게시판 위에), on the wall(벽 표면 위에)

- at: 뒤에 지점과 같은 장소 자체가 위치

  at the aiport(공항에서), at the hospital(병원에서)

>> 기타 장소전치사(암기)

장소전치사	Example	
향하다	to(어디로)	into(속으로)
옆에, 근처에	next to(옆에)	near(근처에)
밑에	under(밑에)	below(평면 아래에)
위에	above(평면 위에)	
앞/뒤	in front of(앞에)	behind(뒤에)
그 외	across(길 건너) out of(밖으로) against(~에 맞서서)	opposite(반대편에) pass(~을 지나) along(~을 따라)

장소전치사 문제의 패턴

예 102. Super Studio is located (   ) the city center.

🔊 패턴: 보기에서 알맞은 장소전치사를 고르는 문제

🔊 주의사항: 빈칸 뒤가 장소라면 장소전치사가 아닌 것을 먼저 삭제하고, 알맞은 장소 전치사를 고른다. 특히 장소전치사는 매우 다양하기에 반드시 충분한 암기를 먼저 하고 문제를 푼다(앞의 표 참조).

🔊 보기의 예

   a) before   b) near   c) to   d) until

  ➲ 정답 b). 빈칸 뒤에 장소표현이 있기에, 시간전치사인 a) "~전에"와 d) "~까지"는 삭제하고, 장소전치사 b)와 c) 중에서 구별한다. c)는 "향하다"의 의미를 가지고 있어서, 동사가 report나 go처럼 특정 위치로 향하고 있음을 나타낼 때 쓰일 수 있다. 따라서 "근처에 위치한"이라는 표현이 어울리므로 정답은 b)를 고른다.

  ➲ 해석: Super Studio는 시청 근처에 위치하고 있다.

전치사/접속사/접속부사 4

학습목표 토익시험에 나오는 명사절접속사 학습

실전적용 파트56에서 전치사와 접속사 그리고 접속부사 문제 기출패턴 익히기

 ## 시험에 나오는 명사절접속사

명사절접속사는 주어나 목적어 등 명사의 위치에 자리하는 접속사로서, 각각의 특징과 부사절과의 구별이 출제포인트이다.

1) 명사절접속사의 문법적 의미

문장 앞에 명사절접속사를 붙이면, 문장에서 하나의 덩어리로서 명사역할을 한다.

• 주어: **That the hotel is safe** is appealed to customers.

(그 호텔이 안전하다는 점이 고객들에게 어필했다).

문장에서 that 뒤의 문장이 주어역할을 했다. is부터가 문장의 동사

• 목적어: Most of the customers indicated **that the hotel is safe.**

(대부분의 고객들은 그 호텔이 안전하다는 것에 표기했다. 언급했다.)

문장에서 that 뒤의 문장이 동사의 목적어 역할을 했다. indicate 뒤 that이 목적어

- 보어: The most important factor is **that the hotel is safe.**

(가장 중요한 요소는 그 호텔이 안전하는 것이다.)

문장에서 that 뒤의 문장이 보어 역할을 했다. is 뒤가 주격보어

2) 명사절접속사의 종류 및 특징 1

명사절접속사는 의미와 함께, 뒤에 완전한 문장 혹은 불완전 문장에 따라 구별되는 그룹별 특징이 있다.

- 뒤에 완전한 문장이 오는 명사절접속사의 종류

that: ~라는 점	if/whether: ~인지 아닌지
when: (시간)언제	where(장소): 어디
how: (방법) 어떻게	why(이유): 왜
whose: 누구의	

> **예** The survey result showed **that** the unemployment rate has been increased.
>
> (설문조사를 보면 실업률이 증가해 왔다는 것을 알 수 있다.)

that절 뒤에는 완전한 문장이 온다. that은 동사 뒤 목적어

- 뒤에 불완전한 문장이 오는 명사절 접속사의 종류

what: 무엇	which: 어느 것
who/whom: 누구	

> **예** **Who** will be resigned among managers will be announced.
>
> (매니저들 중 누가 은퇴할 것인지가 곧 발표될 것이다.)

who 뒤에는 주어가 빠진 불완전한 문장이 온다. who는 주어자리

- 참고로 명사절접속사는 단독으로 출제되는 빈도보다는 부사절과의 구별로서 더 자주 출제된다.

명사절접속사 문제의 패턴 1

> **예** 103. Today article describes (   ) every coffee shop is preparing for increasing its price.

- 패턴: 보기에서 부사절접속사와 명사절접속사를 구별하는 문제
- 주의사항: 빈칸 뒤에 완전한 문장이 있다고 해서 무조건 부사절접속사를 고르는 것은 아니다. 부사절접속사는 완전한 문장 2개를 이끌며, 명사절접속사는 명사자리에 위치하는 접속사를 말한다.
- 보기의 예

  a) unless   b) that   c) on account of   d) otherwise

  - 정답 b). 문장 전체에 동사가 2개(describe, is)이며, 빈칸 뒤 역시 완전한 문장이라 접속사를 남기는 것은 맞다. 따라서 전치사인 c) "~ 때문에"와 접속부사인 d) "그렇지 않으면"은 삭제한다. 남은 보기 중 a) "~가 아니라면"은 부사절접속사이고, b)는 명사절접속사이다. 빈칸 앞을 보면 동사(describe)의 목적어자리라는 것을 알 수 있다. 따라서 목적어 즉 명사의 성질을 가진 명사절접속사 that을 고른다. 앞/뒤를 함께 살피는 습관이 부사절과 명사절의 구별문제를 풀 수 있는 힘이다.
  - 해석: 오늘 신문을 보면 모든 커피전문점들이 가격 상승을 준비하고 있다고 한다.

3) 명사절접속사의 종류 및 특징 2

명사절접속사의 특징	Example
whether의 특징	1) whether는 or 혹은 or not이 붙어 다닌다. 예) The manager asked **whether (or not)** I am interested the intern position. (그 매니저는 내가 인턴직에 관심이 있는지 아닌지를 물었다.) 2) whether는 뒤에 to부정사가 올 수 있다. 예) Mr. Kim will shortly decide **whether to** apply for the intern position. (Kim은 인턴직에 지원할지 말지를 곧 결정할 것이다.)
If의 특징	If는 부사절뿐 아니라 명사절로도 쓰일 수 있다. 하지만 주어와 전치사 뒤에 올 수 없다. 반면 같은 뜻을 가진 whether는 가능하다. 명사절로서 if는 주어자리에 올 수 없음 명사절로서 if는 전치사 뒤에 올 수 없음

• 참고로 명사절접속사 if는 파트56의 정답으로 출제 빈도가 낮다. 부사절접속사 if로 대부분 출제

명사절접속사 문제의 패턴 2

> 예 104. Road Bistro is considering (   ) to close the shop in Jacksonvile.

🔊 패턴: 보기에서 명사절접속사들끼리 구별하는 문제

🔊 주의사항: 명사절접속사는 명사자리에 위치하는 접속사를 말한다. 이러한 명사절접속사들끼리의 구별은 각각의 특징들을 알아야 풀 수 있는 문제도 존재한다.

🔊 보기의 예

a) who   b) whether   c) what   d) as soon as

➲ 정답 b). 빈칸 앞을 보면 동사의 목적어자리라는 것을 알 수 있다. 따라서 부사절 접속사인 d) "~하자마자"는 삭제한다. 명사절접속사 중에서 a)와 c)는 뒤에 불완

230

전한 문장을 이끈다. 또한 보기 중 to부정사를 이끄는 명사절접속사는 whether가 유일하다. 따라서 정답은 b)

➡ 해석: Road Bistro는 Jacksonvile에 있는 상점을 닫을지 아닐지를 고민 중이다.

4) 명사절접속사의 종류 및 특징 3

명사절접속사 중 Wh로 끝나는 것 중에서 why를 제외한 what, who, whom, when, where, how, whether는 바로 뒤에 to부정사와 함께 명사의 역할로써 문장에 위치한다. 다만, 이 중에서 what과 whom은 to부정사로 쓰일 때 목적어가 없는 문장이어야 한다.

➡ 시험에서 가장 출제가 잦은 "명사절접속사 + to부정사"

• whether to부정사(+동사원형): ~하는 것을 ~인지 아닌지
• how to부정사(+동사원형): 어떻게 ~할지

예 The instruction includes **how to** install the printer.
(이 설명서에는 프린터를 어떻게 설치해야 하는지의 내용을 담고 있다.)

how to부정사 부분이 동사(include)의 목적어로 쓰임

명사절접속사 문제의 패턴 3

예) 105. The sales managers will hold a meeting on (   ) to deal with customers' complaints.

🔊 패턴: 보기에서 명사절접속사들끼리 구별하는 문제

🔊 주의사항: 명사절접속사는 명사자리에 위치하는 접속사를 말한다. 이러한 명사절접속사들은 to부정사와 함께 쓰여 문장에서 명사자리에 위치하기도 한다.

🔊 보기의 예

   a) why   b) how   c) what   d) when

◉ 정답 b). to부정사를 이끄는 전치사의 목적어명사자지로서의 명사절접속사자리. to부정사와 쓰이지 못하는 a)는 삭제하고, what은 to부정사와 함께 쓰일 경우 빈칸 뒤 문장에서 목적어가 없을 때만 가능하다. 따라서 "어떻게 ~할지"로 쓰이는 "how to부정사"가 정답. 특히 시험에서 가장 출제빈도가 높은 것이 "명사절접속사 + to부정사" 문제이다. 보기 중 d)는 명사절접속사뿐 아니라 부사절접속사로도 쓰인다는 것을 반드시 암기해 둔다.

◉ 해석: 매니저들은 고객들의 불만사항들을 어떻게 다룰지에 관하여 미팅을 개최할 것이다.

DAY. 19

토익문법 기출패턴 20일 완성

전치사/접속사/접속부사 5

학습목표 토익시험에 나오는 형용사절접속사(관계대명사) 학습

실전적용 파트56에서 전치사와 접속사 그리고 접속부사 문제 기출패턴 익히기

 ## 시험에 나오는 형용사절접속사(관계대명사)

관계대명사라는 것은 앞의 명사(선행사)를 꾸며주기에 형용사적 역할을 하는 접속사를 말한다. 선행사에 따라 달라지며, 시험에 나오는 주격, 목적격, 소유격 관계대명사의 특징을 학습한다.

≫ 선행사에 따라 다른 관계대명사의 특징

선행사 명사	주격관계대명사	목적격관계대명사	소유격관계대명사
사람	who	whom	whose
사물	which	which	whose
사람/사물 모두	that	that	whose

1) 주격관계대명사 특징

주격관계대명사는 뒤에 주어가 없이 불완전한 문장이 온다.

- "선행사(사람) + who + 동사"
- "선행사(사물) + which + 동사"

– "선행사(사람/사물) + that + 동사"

위의 3가지 공식을 암기한다.

형용사절접속사 문제의 패턴 1(사람주격관계대명사 who)

> **예** 105. Lafee Flower recently hired a clerk (   ) will be in charge of the delivery.

🔊 패턴: 보기에서 알맞은 형용사절접속사를 고르는 문제

🔊 주의사항: 최근의 토익에서는 인칭대명사와 관계대명사를 구별하는 문제로 출제됨을 주의해야 한다.

🔊 보기의 예

  a) which   b) he   c) that   d) she

  ➡ 정답 c)

  ➡ 해설: 빈칸 뒤에 불완전한 문장이고 앞에 선행사(명사)가 사람이기에 a) "사물 주격관계대명사"와 b) 주격 인칭대명사는 삭제한다. b) 혹은 c)가 들어가면 문장이 문법적으로 어긋나게 된다. "사람 + who(that) + 동사" 구조를 알면 쉽게 풀 수 있다. that은 명사절접속사뿐 아니라 관계대명사(형용사절접속사)로도 사용할 수 있다.

  ➡ 해석: Lafee Flower는 최근 배달업무를 담당할 직원 한 명을 고용했다.

형용사절접속사 문제의 패턴 2(사물주격관계대명사 which)

> **예** 106. Freelance writers contribute their articles to some blogs, (   ) already have been approved as an effective communication system.

🔊 패턴: 보기에서 알맞은 형용사절접속사를 고르는 문제

● 주의사항: 사물주격관계대명사 which는 앞의 문장 전체를 선행사로 받을 수 있다. 또한, 최근 토익시험은 인칭대명사와 관계대명사를 구별하는 문제의 출제빈도가 높다.

● 보기의 예

　　a) which　　　b) he　　　c) that　　　d) she

　　➔ 정답: a)

　　➔ 해설: 문장 전체에 동사는 2개(contribute, have)이기에 접속사가 위치해야 한다. 빈칸 뒤는 주어가 없는 불완전한 문장이고 앞에 선행사(명사)가 사물이기에 a) "사물주격관계대명사"를 답으로 고른다. "사물 + which(that) + 동사" 구조를 알면 쉽게 풀 수 있다.

　　➔ 해석: 프리랜서 저자들은 이미 효과적인 커뮤니케이션 시스템으로 알려진 몇몇 블로그에 기사를 투고하고 있다.

형용사절접속사 문제의 패턴 3(사람/사물 대체 주격관계대명사 that)

예 107. Ms. Hennington enveloped a recipe (　　　　) includes how to make a soup.

● 패턴: 보기에서 알맞은 형용사절접속사를 고르는 문제

● 주의사항: 선행사가 사람 혹은 사물일 때 각각 who와 which 대신 대체 주격관계대명사 that으로 바꿀 수 있다.

● 보기의 예

　　a) who　　　b) that　　　c) it　　　d) she

　　➔ 정답: b)

　　➔ 해설: 문장에서 동사는 2개(enveloped, includes)이기에 접속사가 와야 한다. 따라서 인칭대명사인 c)와 d)는 삭제한다. 빈칸 뒤가 불완전한 문장이고 앞에 선행사(사물, recipe)가 사물이기에 사물 주격관계대명사를 답으로 고른다. "사물 + which(that) + 동사" 구조를 알면 쉽게 풀 수 있다. 보기에 which는 없지만 that

이 있기에 답은 b). that은 명사절접속사뿐 아니라 관계대명사(형용사절접속사)로
도 사용할 수 있다.

➔ 해석: Hennington은 수프를 만들 수 있는 방법이 담긴 레시피를 첨부했다.

2) 목적격관계대명사 특징

목적격관계대명사는 뒤에 목적어가 없이 불완전한 문장이 온다(수동태 아님).

- "선행사(사람) + whom + 주어 동사"
- "선행사(사물) + which + 주어 동사"
- "선행사(사람/사물) + that + 주어 동사"

위의 3가지 공식을 암기한다.

• 단 토익 문장에서 목적격관계대명사는 대부분 생략되기에 문제로 출제되지는 않는
편이다.

형용사절접속사 문제의 패턴 4

예 108. The desks and chairs (   ) you ordered will be delivered to your of-
fice by next Monday.

🔊 패턴: 보기에서 알맞은 형용사절접속사를 고르는 문제
🔊 주의사항: 목적격관계대명사는 뒤의 문장이 목적어가 빠진 불완전한 문장일 때 정답
으로 고른다.
🔊 보기의 예

a) whom   b) which   c) whose   d) who

➔ 정답 b). 빈칸 뒤에는 목적어가 빠진 불완전한 문장이고 앞에 선행사(명사)가 사
물(가구)이기에 사물목적격 관계대명사를 답으로 고른다. which는 선행사가 사
물일 경우 주격관계대명사 혹은 목적격관계대명사로 사용된다. 다만 토익에서는

236

목적격관계대명사는 대부분 생략하기에 정답으로 고르는 문제보다 생략된 형태의 문장을 해석하는지를 중요시한다(파트6 혹은 7).

→ 해석: 고객님께서 주문하신 데스크와 의자들은 다음 주 월요일까지 사무실로 배송되어질 것입니다.

3) 소유격관계대명사 특징

소유격관계대명사는 뒤에 명사가 오며, 완전한 문장이 온다.

– "선행사(사람) + whose + 명사"
– "선행사(사물) + whose + 명사"
– "선행사(사람/사물) + whose + 명사"

위의 3가지 공식을 암기한다. 소유격 관계대명사는 앞 선행사가 사람/사물 모두 가능하다는 것도 반드시 암기해 둔다.

형용사절접속사 문제의 패턴 5

> 예 109. All companies seek a successful applicants (   ) expertise will become their assets.

🔊 패턴: 보기에서 알맞은 형용사절접속사를 고르는 문제

🔊 주의사항: 최근의 토익에서는 인칭대명사와 관계대명사를 구별하는 문제로 출제됨을 주의해야 한다.

🔊 보기의 예

a) who   b) his   c) whose   d) which

→ 정답 c)

→ 해설: 빈칸 뒤에 완전한 문장이고 앞에 선행사(명사)가 사람이기에 뒤에 불완전한 문장이 오는 a) "사람 주격관계대명사"와 d)는 삭제한다. 또한, 빈칸은 접속사자리이기에 b) 소유격 인칭대명사 역시 삭제한다. "사람/사물 + whose + 명사 그

리고 완전한 문장" 구조를 알면 쉽게 풀 수 있다. whose는 선행사가 사람/사물 관계없이 가능하다.

⊙ 해석: 모든 회사들은 전문지식이 그들의 자산이 될 만큼의 최종합격자를 찾고 있다.

4) 관계부사의 특징

관계부사는 뒤에 완전한 문장이 오는 접속사로서, 앞의 시간/장소/이유/방법의 선행 사를 꾸며준다. 관계대명사와의 특징은 빈칸 뒤가 완전한 문장인지 아닌지를 먼저 판단하는 것이 중요하다.

- 선행사 + (관계대명사) + 불완전한 문장
- 선행사 + (관계부사) + 완전한 문장

선행사	관계부사 + 완전한 문장
시간 명사	+ when + 완전한 문장
장소 명사	+ where + 완전한 문장
이유 명사	+ why + 완전한 문장
방법 명사	+ how + 완전한 문장 방법을 나타내는 명사와 how 중 하나는 생략

형용사절접속사 문제의 패턴 6(관계대명사 vs 관계부사)

> **예** 110. Rash Studio will be transferred to the basement (   ) the sound-proof system has been established.

◖ 패턴: 보기에서 관계대명사와 관계부사를 구별하는 문제
◖ 주의사항: 관계대명사와 관계부사를 구별하는 핵심은 접속사 뒤 완전한 문장이면 관계부사, 불완전한 문장이면 관계대명사를 남긴 후에 구별하는 것이다.

◉ 보기의 예

a) which   b) where   c) when   d) who

➔ 정답 b). 빈칸 뒤에 완전한 문장이 왔고, 앞의 선행사가 장소이기에 장소의 관계부사 where를 답으로 고른다. 앞이 사물(basement)이라서 자칫 사물의 주격관계대명사 which를 오답으로 고르지 않도록 주의한다. c)번 역시 관계부사이지만 앞의 선행사가 시간명사여야 한다. 위와 같은 문제는 뒤에 완전한 문장이 오면 관계부사인 b)와 c), 뒤에 불완전한 문장이 오면 관계대명사인 a)와 d)를 남기고 구별하는 패턴임을 기억해 둔다.

➔ 해석: Rash Studio는 방음시설이 설비된 지하실로 이전할 계획이다.

5) 복합관계대명사

- whoever: 누구든지

  anyone who의 줄임말 + 뒤에 불완전한 문장이 온다.

- whichever: 어느 것이든

  any + 수식받는 명사 that의 줄임말 + 뒤에 명사가 온다.

- whatever: 무엇이든

  anything which의 줄임말 + 뒤에 불완전한 문장이 온다.

형용사절접속사 문제의 패턴 7(복합관계대명사)

> 예 111. (   ) is interested in this insurance program should visit the web site.

◉ 패턴: 보기에서 관계대명사와 복합관계대명사를 구별하는 문제
◉ 주의사항: 관계대명사와 복합관계대명사를 구별하는 핵심은 빈칸 앞에 선행사의 유무로 판단할 수 있다. 복합관계대명사는 선행사를 포함한 접속사라고 생각한다.

🔊 보기의 예

   a) Whoever   b) Who   c) He   d) She

➡ 정답 A). 빈칸 앞에 선행사가 없고, 문맥의 해석상 "누구든지"라는 의미가 적절하므로, 복합관계대명사인 a)를 답으로 고른다. 문장 동사의 개수가 2개이므로(is, should) 접속사가 있어야 한다. 따라서 인칭대명사 c)와 d)는 삭제. 관계대명사 b)는 앞의 선행사 명사가 있어야 한다.

➡ 해석: 이 보험 프로그램에 관심이 있는 누구든지 해당 웹사이트에 방문해 주셔야 합니다.

학습목표 DAY 17, 18, 19을 공부하고 나서 기본 전치사, 명사절접속사 그리고 형용사절접속사의 문법 및 어휘 실제 기출패턴 문제들을 학습한다.

01

> The company auditorium will be closed (   ) next Monday for the interior renovation.

a) during
b) until
c) by
d) since

02

> Your expense report should be submitted to the Accounting Department (   ) 17 March for your quick reimbursement.

a) by
b) until
c) although
d) how

03

> Hugo Treasure's clearance sale has been held (   ) the summer despite the competitors' complaints.

a) within   b) throughout

c) across   d) opposite

04

Toru Sushi has locations (   ) Asia and is planning to 7th branch in South America.

a) in addition to   b) among

c) to   d) across

05

Alpha Office Supplies is strategically located (   ) the industrial complex, so the store is offering a convenient service.

a) toward   b) next

c) until   d) near

06

The production of new refrigerators will be provided exclusively (   ) manufacturing all parts.

a) by   b) to

c) in   d) at

07

Before using Ramon Catering, feel free to contact our Customer Relation Department (   ) more information.

a) before

b) into

c) along

d) for

08

A journalist from the DQ Magazine interviewed Tim Lewis (   ) her newly established film agency.

a) about

b) beyond

c) above

d) since

09

As indicated in the shipping policy, the items customers ordered should be delivered (   ) 5 business days.

a) by

b) until

c) within

d) after

10

Derma Auto's some parts (   ) are made in its assembly line often export them to other countries.

a) who

b) which

c) what

d) where

11

Key Media's travel guide books are very informative for those (   ) wish to travel in Asia.

a) who
b) which
c) what
d) why

12

Aprosquare Building recently completed the renovation of company's cafeteria (   ) is located on the 2nd floor.

a) they
b) their
c) who
d) that

13

The board of directors is seeking the proposals (   ) documents included innovative ideas for improving sales.

a) who
b) whose
c) which
d) his

14

All employees can not leave the office before 7 PM (   ) the order system is shut down.

a) when
b) where
c) who
d) which

15

The store manager advised (   ) the inventory be checked before the grand opening.

a) during

b) in case

c) that

d) even though

16

> At the weekly meeting, Richard Hair Co. will determine (   ) to hire additional stylists in Auckland branch.

a) that

b) what

c) whether

d) since

17

> (   ) is available as a legal consultant at Nature Law Firm during business hours should be helpful for victims.

a) Whoever

b) Whichever

c) Whatever

d) Whenever

18

> Boston Daily's economic articles describe (   ) the recent spending patterns indicated.

a) that

b) what

c) now that

d) once

19

> (   ) will receive the incentive for great performance evaluations has not been decided yet.

a) When

b) About

c) Who

d) As long as

20

> Store clerks should familiarize with several policies (   ) dress codes, refund and monitoring.

a) such as

b) within

c) instead

d) only if

21

> The services in Trivia Business Consulting are (   ) on increasing customer's profit and satisfaction.

a) interested

b) based

c) charged

d) deleted

22

> Located in the urban area of Seoul city, Monsster Gym (   ) a state of the art fitness club easily accessible to everyone.

a) makes

b) enrolls in

c) attend

d) applies

23

> Total revenues for Rainbow Shoes (   ) tripled over the past 3 months thanks to its newest model 'Air-Cushion 23'.

a) probably

b) increasingly

c) routinely

d) almost

24

Even interns in the Sales department will receive the event materials later this week because this annual conference's attendance is (   ).

a) immediate

b) appropriate

c) mandatory

d) impulsive

25

Do-Um Research Group conducted a (   ) study of the people throughout the nation affected by the snow storm last week.

a) reasonable

b) comprehensive

c) enable

d) affordable

26

Unlike the general shipping service, the expedited delivery charge is (   ) on the weight.

a) focused

b) eligible

c) reliant

d) reliable

27

Residents who are unable to attend the first workshop about the relocation will be (   ) personally.

a) socialized
b) publicized
c) educated
d) answered

28

Prinston Review continually is looking for creative ways to (   ) the different technical demands.

a) cooperate
b) fulfill
c) transport
d) remain

29

The new benefit package project is (   ) very slowly in spite of its high priority.

a) progressing
b) seeking
c) reserving
d) closing

30

Dr. Dennington (   ) her new findings at the Professional Development Seminar yesterday.

a) waited
b) assisted
c) commended
d) presented

파트6 그냥 대충 풀지 마세요

문제풀이 전략

1단계: 맥락파악이 우선입니다.

파트6는 Mini 파트7입니다. 단순 문법/어휘문제처럼 푸는 파트5와 달리, 파트6의 시작은 지문의 맥락파악입니다. 글을 쓴 사람과 읽는 사람의 정보. 그리고 주제키워드를 찾는 것을 맥락파악이라고 합니다.

🔊 맥락파악은? 1번 문제를 풀기 전에, 혹은 문제를 풀면서...
1) 글을 쓴 사람?
2) 글을 읽는 사람?
3) 주제키워드(＋제목)?

2단계: 앞/뒤 문장을 통해 개연성 찾기

파트6는 한 문장만을 보면서 푸는 문세가 아닙니다. 물론, 파트7처럼 문맥의 흐름을 파악하며 해석하는 것이 문제풀이의 기본입니다. 그러한 독해지문 사이에 빈칸을 두고 알맞은 단어를 고르는 것이 파트6의 문제입니다. 앞/뒤 문장 그리고 문맥의 맥락을 통해서 개연성을 찾는 것이 중요합니다.

🔊 앞/뒤 문장 개연성 찾기?
파트6의 어휘문제와 동사/시제문제에 적용

3단계: 신유형 "문장 넣기"는 삭제/소거

파트6의 신유형 문장 넣기는 각 지문에 1문제씩 출제됩니다. 기초문법과 어휘를 끝낸

뒤 풀기에는 가장 어려운 문제처럼 느껴지시죠? 이 문제의 정답은 지나치게 세부적으로 나오는 반면, 오답보기는 흐름상 어울리지 않는 것을 쉽게 걸러낼 수 있는 특징이 존재합니다. 그래서 이러한 문제는 정답을 고른다기보다, 어울리지 않는 보기를 삭제하며, 정답에 접근하는 것이 필요합니다.

🔊 먼저... 맥락파악부터 해보세요.

1) 글을 쓴 사람?

2) 글을 읽는 사람?

3) 주제키워드(+제목)?

찾으셨나요? 그 후에 문장 앞/뒤를 보며 개연성을 찾아가면서 답을 골라보세요.

Refer to the following article

131. (   ). Many people do, According to the a survey conducted by the Emerald Group. The survey indicated that young mothers are willing to 132. (   ) an additional charge for healthy foods such as organic vegetables due to their children. Vence Grocery ,one of the big marts in New-York, has 133. (   ) implemented a promotional event. "There are many choices about reasonable well being foods. All people have the right to a healthy diet." says Vence Mart CEO Vincent Lee. "Some healthy foods manufacturers should be congratulated for making healthy eating more 134. (   )."

31 a) Who cares where the ingredients in your meal came from?

b) Well-being food industry faced a shortage of funds.

c) Are you tired of the way your rental car looks?

d) Many contributors have enclosed a donation form and a postage-paid envelope with the advertisement.

32 a) pay   b) pays

c) paid   d) has paid

33 a) soon   b) already

c) clearly   d) conveniently

34 a) financial   b) uneventful

c) affordable   d) special

해설

01 · 정답: b)
  · 해석: 회사 대강당은 인테리어 공사를 이유로 다음주 월요일까지 문을 닫을 것입니다.
  · 생각의 단계: 보기는 전치사/접속사/(접속)부사를 구별하는 문제이다. 빈칸 뒤가 시점이 있으므로 시간의 전치사를 남긴다. b)와 c) 모두 "~까지"라는 표현으로 미래의 시점과 어울리지만, 문장의(동사) 의미가 지속적인 의미를 나타낼 때에는 전치사 until을 사용한다.
  · 기초들의 실수: 전치사 by도 시점과 함께 어울려 "~까지"로 쓰이지만, 문장의 의미가 마감의 의미일 때만 쓰입니다.
  · auditorium; 대강당. renovation: 보수공사

02 · 정답: a)
  · 해석: 빠른 상환을 위하여 비용보고서를 3월 17일까지 회계부서로 제출해 주세요.
  · 생각의 단계: 보기는 전치사/접속사/(접속)부사를 구별하는 문제이다. 빈칸 뒤에 시점이 있으므로 시간의 전치사를 남긴다. a)와 b) 모두 "~까지"라는 표현으로 미래의 시점과 어울리지만, 문장의(동사) 의미가 마감기한의 의미와 어울리는 것은 by이다. c)와 d)는 각각 부사절접속사와 명사절접속사로 문장이 뒤에 와야 하므로 삭제한다.
  · 기초들의 실수: 전치사 until도 시점과 함께 어울려 "~까지"로 쓰이지만, 문장의 의미가 지속의 의미일 때에만 쓰입니다.
  · expense: 비용. reimbursement: 상환

03 · 정답: b)
  · 해석: 경쟁자들의 불만에도 불구하고 Hugo Treasure의 재고정리 세일은 여름 내내 진행되었다.
  · 생각의 단계: 보기는 단순전치사 문제. 빈칸 뒤의 표현(the summer)은 6, 7, 8월을 의미하는 기간이다. 장소전치사인 c), d)는 삭제하고 기간과 어울리는 a) "~이내에"와 b) "~내내, 걸쳐서"를 남긴 후에 구별한다. 해석상 "여름 내내"가 어울리므로 b)를 답으로 고른다.
  · 기초들의 실수: within 역시 기간의 표현과 어울리지만, "~이내에"라는 뜻으로 해석되는 문장에서 사용됩니다.
  · clearance sale: 재고정리 세일. complaint: 불평, 불만. throughout: 내내. opposite: 반대편의 (장소전치사)

04 · 정답: d)
  · 해석: 아시아 지역 곳곳에 여러 지점을 갖고 있는 Toru Sushi는 남부 아메리카에도 7번째 분점 오

픈을 계획하고 있다.

- 생각의 단계: 보기는 단순전치사 문제. 빈칸 뒤에 장소(Asia)가 있으므로, 장소전치사인 c)와 d)를 남긴다. "아시아 지역 곳곳에"라는 표현이 어울리므로 정답은 d)를 고른다.
- 기초들의 실수: 장소전치사 to는 "향하다"의 의미를 가지고 있으므로, 동사가 report(보고하다) 혹은 submit(제출하다) 등의 동사와 어울립니다. across 역시 "건너서"뿐 아니라 "곳곳에"라는 뜻도 가 지고 있습니다.
- among: 셋 이상 사이에. across: 건너서, 곳곳에

05 · 정답: d)
- 해석: Alpha Office Supplies는 산업단지 근처에 전략적으로 위치하고 있기에, 편리한 서비스를 제 공하고 있다.
- 생각의 단계: 보기는 단순전치사 문제. 빈칸 뒤에 장소가 있기에 시간전치사인 c) "~까지"와 전치사 가 아닌 b)는 삭제한다. "향하다"의 의미를 지닌 toward는 삭제하고, "근처에"라는 의미의 d)를 답 으로 고른다.
- 기초들의 실수: next는 to와 함께 쓰일 때(next to) near와 같은 "옆에, 근처에"라는 뜻을 갖게 됩 니다.
- strategically: 전략적으로. industrial complex: 산업단지. convenient: 편리한. near: 근처에

06 · 정답: a)
- 해석: 새로운 냉장고의 생산은 모든 부품들을 제조함으로써 독점으로 제공할 수 있게 될 것이다.
- 생각의 단계: 보기는 단순전치사 문제. 전치사 by는 "~함에 의하여"라는 의미로서 주로 동명사와 함께 어울리는 전치사이다. 방법/수단을 표현할 때 사용되므로 a)가 정답에 이울린다.
- 기초들의 실수: 보기 중 나머지들은 장소전치사로서 동명사(manufacturing)와 어울리지 않아요.
- refrigerator: 냉장고. exclusively: 독점으로, 전적으로. manufacturing: 제조

07 · 정답: d)
- 해석: Ramon Catering을 이용하시기 전에, 궁금하신 점은 언제든지 저희 고객관리부서로 연락주 세요.
- 생각의 단계: 보기는 단순전치사 문제이다. 빈칸 뒤는 일반명사이기에 보기에서 시간전치사인 a) "~전에"와 장소전치사인 b) "~속으로", c) "~를 따라서"는 삭제하고, 해석상 어울리는 d)를 답으 로 고른다.
- 기초들의 실수: 토익의 전치사는 주로 시간전치사와 장소전치사들이 정답 및 오답으로 자주 출제됩 니다. 따라서 빈칸 뒤가 시간이나 장소표현이 아니라면, 이들을 삭제/소거하는 방법으로 정답에 접 근하는 방식을 익혀두는 것이 중요합니다.

- customer relation department: 고객관리부서

08 • 정답: a)
- 해석: DQ Magazine의 저널리스트는 새롭게 설립한 영화에이전시에 관하여 팀 루이스를 인터뷰했다.
- 생각의 단계: 보기는 단순전치사 문제이다. 빈칸 뒤는 일반명사이기에 보기에서 시간전치사 및 접속사인 d) "~이래로"와 장소전치사인 b) "뒤에서", c) "~위에"는 삭제하고, 해석상 어울리는 a)를 답으로 고른다.
- 기초들의 실수: 토익의 전치사는 주로 시간전치사와 장소전치사들이 정답 및 오답으로 자주 출제됩니다. 따라서 빈칸 뒤가 시간이나 장소표현이 아니라면, 이들을 삭제/소거하는 방법으로 정답에 접근하는 방식을 익혀두는 것이 중요합니다.
- establish: 설립하다. about: ~에 관한(-regardding, concerning)

09 • 정답: c)
- 해석: 배송정책에 따르면, 고객님들이 주문한 제품들은 영업일 기준 5일 이내에 배송되어야 합니다.
- 생각의 단계: 보기는 모두 시간전치사이다. 시간은 시점과 기간으로 나뉘는데, 빈칸 뒤가 기간(5일)이기에 기간전치사인 c) "~이내에"를 답으로 고른다.
- 기초들의 실수: 시점과 기간의 차이를 정확히 알아야 합니다. 시간은 when 답변, 기간은 how long 답변으로 파트2에 출제가 되기도 합니다.
- policy: 정책. indicate: 나타내다, 적다

10 • 정답: b)
- 해석: Derma Auto의 조립공정라인에서 생산되는 몇몇 부품들은 가끔 해외로 수출되기도 합니다.
- 생각의 단계: 보기는 형용사절접속사(관계절) 문제이다. 빈칸 뒤가 불완전한 문장이기에 관계부사인 d)는 삭제하고, 선행사가 사물(part)이고 빈칸 뒤가 동사이기에 사물의 주격관계대명사인 which를 답으로 고른다.
- 기초들의 실수: "사물선행사 + which(that) + 동사" 주격관계대명사 공식을 암기해 두세요.
- assembly: 조립공정. export: 수출하다

11 • 정답: a)
- 해석: Key Media의 여행 가이드 책들은 아시아 여행을 희망하는 사람들에게 매우 유용하다.
- 생각의 단계: 보기는 형용사절접속사(관계절) 문제이다. 빈칸 뒤가 불완전한 문장이기에 관계부사인 d)는 삭제하고, 선행사가 사람(those)이고 빈칸 뒤가 동사이기에 사람의 주격관계대명사인 who를 답으로 고른다.

- 기초들의 실수: "사람선행사 + who(that) + 동사" 주격관계대명사 공식을 암기해 두세요. those는 앞의 문장에서 명사를 대신 받는 대명사가 아닌 갑자기 튀어나온 경우라면, people(사람복수)로 해석하시면 됩니다.
- informative: 효과적인

12
- 정답: d)
- 해석: Aprosquare Building은 2층에 위치한 구내식당의 보수공사를 최근 마쳤다.
- 생각의 단계: 보기는 인칭대명사와 관계대명사를 구별하는 문제. 빈칸 뒤만 보면 인칭대명사 they도 가능해 보이지만, 동사의 개수가 2개(complete, are located)이기에 접속사가 필요하다. 관계대명사도 접속사이다. 빈칸 앞에 사물선행사(cafeteria)가 있고, 뒤에는 동사이기에 사물 주격관계대명사가 필요하다. 보기에서 which를 대체할 수 있는 것은 d) that이다.
- 기초들의 실수: that은 주격관계대명사로 쓰일 때, who와 which 모두 대체할 수 있습니다.
- cafeteria: 구내식당. complete: 끝내다(동사 겸 형용사)

13
- 정답: b)
- 해석: 이사진들은 영업실적을 향상시킬 혁신적 아이디어가 담긴 제안서들을 찾고 있다.
- 생각의 단계: 보기는 인칭대명사와 관계대명사를 구별하는 문제. 빈칸 뒤만 보면 소유격 인칭대명사 his도 가능해 보이지만, 동사의 개수가 2개이고 남자로 받을 명사도 앞에 보이지 않는다. 따라서 형용사절접속사인 관계대명사 중에서 답을 고른다. 앞에 선행사가 있고, 뒤에 명사가 있을 때는 소유격 관계대명사 whose를 답으로 고른다.
- 기초들의 실수: whose는 선행사가 사람/사물 관계없이 사용할 수 있습니다. "사람/사물명사 + whose + 명사"구조를 암기해 두세요.
- board of director: 이사진. proposal: 제안서. innovative: 혁신적인. improve: 향상시키다

14
- 정답: a)
- 해석: 모든 사원들은 주문시스템이 마감되는 오후 7시 전까지는 퇴근할 수 없습니다.
- 생각의 단계: 관계대명사와 관계부사를 구별하는 문제이다. 빈칸 뒤가 불완전한 문장이면 관계대명사를, 뒤가 완전한 문장이면 관계부사를 고르는 문제이다. 빈칸 뒤가 완전한 문장이므로 관계부사인 a)와 b) 중에서 앞의 명사가 시점(7시)이기에 시간의 관계부사인 a)를 답으로 고른다.
- 기초들의 실수: 부사절접속사와 관계부사를 구별해 보세요. 관계부사는 where, when, why, how 등이 있습니다. 이들은 완전한 문장이 뒤에 오는 것으로 관계대명사와 구별하는 문제로 자주 출제됩니다.
- leave the office: 퇴근하다. shut down: 휴업, 닫다

15 • 정답: c)
- 해석: 상점 매니저는 신장개업 전까지 재고들을 확실하게 확인하라고 지시했습니다.
- 생각의 단계: 보기는 접속사 문제로서 부사절접속사와 명사절접속사를 구별하는 문제이다. 빈칸 뒤는 완전한 문장이지만 앞에 동사(advise)의 목적어가 필요한 자리이기에 명사절접속사가 정답이다. 따라서 정답은 c)
- 기초들의 실수: 뒤의 문장에서 동사원형(be)이 온 것은 주장/요구/제안/의무 동사가 that절 앞에 오는 경우 should를 생략한 명령문의 의미이기 때문이에요.
- inventory: 재고. grand opeing: 신장 개업, 신규 오픈

16 • 정답: c)
- 해석: 주간 미팅에서 Richard Hair는 Auckland 지역 분점에 추가적으로 스타일리스트들을 고용할지에 대하여 결정할 것이다.
- 생각의 단계: 생각의 단계: 보기는 접속사 문제로서 부사절접속사와 명사절접속사를 구별하는 문제이다. 빈칸 뒤는 완전한 문장이지만 앞에 동사(determine)의 목적어가 필요한 자리이기에 명사절접속사가 정답이다. 따라서 부사절접속사인 d)는 삭제하고, to부정사를 이끌 수 있는 유일한 명사절접속사인 c)를 답으로 고른다.
- 기초들의 실수: 명사절접속사인 whether는 (or not)이 생략된 형태로서 뒤에 to부정사가 위치할 수 있습니다. 암기해 두면 3초짜리 문제로 풀 수 있는 쉬운 문제입니다.
- determine: 결정하다. additional: 추가적인. whether: ~인지 아닌지

17 • 정답: a)
- 해석: 영업시간 내에 법적 컨설턴트로서 이용 가능한 Nature Law Firm의 변호인 누구든지 피해자 분에게 많은 도움이 되어드릴 수 있을 것입니다.
- 생각의 단계: 보기는 복합관계대명사 문제이다. whoever는 anyone이라는 선행사가 포함된 접속사로서, 뒤에 주어나 목적어 등이 없는 불완전한 문장이 위치하며, "누구든지"로 해석된다. 따라서 정답은 a)
- law firm: 법률회사. legal consultant: 법률대리인, 변호인(=attorney). victim: 피해자

18 • 정답: b)
- 해석: Boston Daily의 경제기사들은 최근 소비패턴들이 무엇을 말하고 있는지에 대하여 서술하고 있다.
- 생각의 단계: 보기는 접속사 문제로서 부사절접속사와 명사절접속사를 구별하는 문제이다. 빈칸 뒤에 불완전한 문장이기에 부사절접속사인 c) " 때문에"와 d) "~하자마자"는 삭제하고, 명사절접속사 중에서 불완전한 문장을 이끄는 b)를 답으로 고른다.

- 기초들의 실수: 명사절접속사 중에서 what/who/which/whom 등은 뒤에 불완전한 문장이 옵니다.

- describe: 묘사하다. spending pattern: 지출패턴. indicate: 나타내다

19 • 정답: c)

- 해석: 좋은 수행능력평가로 인해 누가 인센티브(보너스)를 받을지에 대해서는 아직 결정되지 않았습니다.

- 생각의 단계: 보기는 접속사 문제로서 부사절접속사와 명사절접속사를 구별하는 문제이다. 우선 뒤의 문장이기에 전치사인 b)는 삭제하고, 주절이 없는 문장이기에 부사절접속사인 a)와 d) "~하는 한"은 삭제한다. 명사절접속사인 who는 뒤에 불완전한 문장이 올 수 있다.

- 기초들의 실수: 부사절접속사는 완전한 문장이 2개이고, 주절이 반드시 존재해야 합니다.

- incentive: 보너스. performance evaluation: 수행능력평가

20 • 정답: a)

- 해석: 상점의 직원들은 복장규제, 환불 및 모니터링 등을 포함한 여러 정책들에 대하여 반드시 숙지해야 한다.

- 생각의 단계: 보기는 전치사/접속사/(접속)부사를 구별하는 문제이다. 빈칸 뒤는 명사들만 있기에 부사절접속사인 d) "오직 ~하는 경우에만"과 접속부사인 c) "대신에"는 삭제한다. 전치사 중에서 앞의 명사를 수식하며, 뒤에 나열하는 특징을 가진 a) "~와 같은"을 정답으로 고른다.

- 기초들의 실수: instead는 전치사 of와 함께 쓰일 때는 전치사이지만, 단독으로 쓰이면 뜻은 같아도 접속부사로 사용된다.

- dress code: 복장규제. familiarize with: 숙지하다. such as: ~와 같은

21 • 정답: b)

- 해석: Trivia Business Consulting의 서비스들은 고객의 수익과 만족도를 향상시키는 것에 기반을 두고 있습니다.

- 생각의 단계: be based on은 "~에 기반을 두다"라는 단어이다. 개연성 찾기가 아닌 단순어휘의 암기로 풀 수 있는 문제들도 출제됩니다.

- be based on: ~에 기반을 두다. profit: 수익

22 • 정답: a)

- 해석: 서울 도심지역에 위치한 Monster Gym은 최신시설의 체육관에 모든 사람들이 쉽게 접근 가능할 수 있도록 만들었다.

- 생각의 단계: 보기는 동사 어휘문제이다. 해석보다는 5형식 동사의 특징을 알고 있어야 한다. 5형식

동사 make는 목적어(fitness club) 뒤에 목적어를 꾸며주는 목적격보어인 형용사(accessible)가 위치한 것이 특징이다. 따라서 정답은 a)

- urban: 도시의. state of the art: 최신의, 최신식의. accessible: 접근할 수 있는, 접근가능한

23 • 정답: d)

- 해석: Air-Cushion 23이라는 신제품 덕택에 Rainbow Shoes의 전체 수익은 지난 3개월 동안 거의 3배의 신장률을 기록했다.
- 생각의 단계: 보기는 부사 어휘문제이다. 주로 정확한 숫자 앞에서 "대략"이라는 의미로 사용되는 부사는 d)이다. 유의어로는 approximately, nearly가 있다.
- 기초들의 실수: c) "일상적으로"는 현재형 동사와 어울리는 시제부사입니다. 무조건 해석으로 풀기보다는 동사를 꾸며주는 부사의 경우 시제와 뜻도 함께 판단하여 답을 고르는 습관을 가지세요.
- revenue: 수익. thanks to: 덕택에. routinely: 일상적으로. almost: 거의, 대략. 약

24 • 정답: c)

- 해석: 연간 회의의 참석은 의무이기 때문에, 영업부서의 인턴들조차 이번 주말쯤 회의 관련 자료들을 받을 것입니다.
- 생각의 단계: 보기는 2형식 주격보어인 형용사 어휘문제이다. 이유의 부사절접속사인 because 구문을 살리면 개연성의 단서를 찾을 수 있다. 회의 참석이 의무적이기에 인턴들도 자료를 받게 되는 상황이 어울리므로 정답은 c) "의무적인"을 고른다.
- even: 심지어. manadatory: 의무적인. impulsive: 충격을 주는

25 • 정답: b)

- 해석: Do-Um Research Group은 지난주 눈보라에 영향받은 사람들을 대상으로 전국에 걸쳐 포괄적인 조사를 시행했다.
- 생각의 단계: 보기는 명사(study)를 꾸며주는 형용사 어휘문제이다. 전국에 걸쳐서 조사하는 설문이라면 "포괄적인, 종합적인(comprehensive)"이라는 의미의 단어가 알맞다. 따라서 정답은 b)
- conduct: (특정활동)을 수행하다. throughout: ~에 걸쳐서. affected: 영향을 받은. comprehensive: 포괄적인, 종합적인. affordable: 누구나 구매할 수 있는

26 • 정답: c)

- 해석: 일반적인 배송서비스와 달리, 신속배송은 무게에 따라 가격이 다르다.
- 생각의 단계: 보기는 2형식 주격보어 형용사 어휘문제. 주어는 신속배송서비스를 말하고 있다. rely on은 "~에 따라 다르다, ~에 의존하다"로 해석한다. rely의 형용사형태인 reliant를 답으로 고른다.
- unlike: ~와 달리. expedite: 촉진하다. rely on: ~에 따라 다르다

27 · 정답: c)
  · 해석: 이주에 관한 첫 번째 워크숍에 참석할 수 없는 주민들은 개별적으로 교육받게 될 것입니다
  · 생각의 단계: 보기는 3형식 수동태 어휘문제이다. 주어는 사람(resident)이고 워크숍을 통해 교육되어야 할 주제가 이주에 관한 것이기에, 보기는 c)가 어울린다.
  · relocation: 이전, 이사. personally: 개인적으로

28 · 정답: b)
  · 해석: Prinston Review는 다양한 기술적 요구들을 충족시키기 위하여 혁식전인 방법들을 꾸준히 찾고 있다.
  · 생각의 단계: way to부정사의 동사원형자리 어휘문제이다. 목적어가 요구와 수요를 의미하는 (demand) 단어이기에, 회사에서 찾는 것은 "충족시킬 수 있는" 방법일 것이다. 따라서 정답은 b)
  · continually: 지속적으로. fulfill: 충족시키다. cooperate: 협력하다. transport: 운반하다

29 · 정답: a)
  · 해석: 새로운 복리혜택 프로젝트는 최우선 원칙에도 불구하고 매우 느리게 진행 중이다.
  · 생각의 단계: 현재진행형 동사의 어휘문제이다. 자동사로서 목적어가 없고 해석상 어울리는 a) "진행하다"를 답으로 고른다. 나머지는 모두 3형식 타동사이다.
  · benefit package: 복리혜택. progress: 진행하다. priority: 최우선

30 · 정답: d)
  · 해석: Dr. Dennington은 어제 Professional Development Seminar에서 그녀의 새보운 언구결과들을 발표했다.
  · 생각의 단계: 보기는 동사 어휘문제이다. 빈칸 뒤의 연구결과(findings)가 목적어이고, 세미나에서 행한 행동을 말하고 있으므로, 정답은 d) "발표하다"가 어울린다.
  · present: 발표하다. commend: 칭찬하다

해석과 맥락파악. 정답과 해설

누가 식사에 들어가는 재료들의 원산지를 신경쓸까요? 최근 Emerald Group이 조사한 설문조사에 따르면, 많은 사람들이 그렇게 한다고 밝혀졌습니다. 특히 아이를 가진 젊은 어머니들은 아이들을 위해 유기농 야채와 같은 좋은 음식을 사는 데 기꺼이 돈을 더 쓴다고 밝혀졌습니다. 뉴욕의 큰 마트 중 하나인 Vence Grocery는 이미 이러한 프로모션 이벤트를 진행하고 있습니다. "그곳에는 합리적인 가격의 웰빙푸드들이 가득해요. 우리 모두 좋은 음식을 먹을 권리가 있다고요."라고 Vence 마트의 CEO인 빈센트 리는 말했다. "건강한 음식을 조금 더 착한 가격에 공급하는 몇몇 음식제조업체들은 칭찬받아 마땅합니다."

1) 글을 쓴 사람? 신문기자(비지니스 섹션)
2) 글을 읽는 사람? 구독자
3) 주제키워드(+제목)? 웰빙푸드의 인기. 한 마트의 사례

31 • 정답: a)
  • 해설: 신유형 문제 중 하나인 문장 넣기는 정답을 고르는 것뿐 아니라, 삭제/소거를 통해 정답에 접근하는 것이 중요하다. 정답은 매우 세부적인 것에 비해, 흐름상 어울리지 않는 오답은 비교적 확실하게 보이기 때문이다. 웰빙푸드산업이 자금부족으로 인한 어려움을 언급한 b)번이나 렌터카 광고를 떠올리게 하는 c)번. 그리고 기부에 관한 감사인사에 어울리는 d)번 등은 어울리지 않는다. 음식 재료요소의 중요성을 의문문으로 표현한 a)번이 문맥의 첫 구문으로 어울리는 a)를 답으로 고른다.

32 • 정답: a)
  • 해설: willing to는 "기꺼이 ~하다"의 뜻으로 to부정사이다. 따라서 빈칸 뒤에는 동사원형이 들어가야 한다. 따라서 정답은 a)

33 • 정답: b)
  • 해설: 현재완료와 어울리는 시제부사는 b) "이미"이다. 문맥상 해석으로도 Vence 마트가 최근에 진행 중인 프로모션 이벤트를 말하고 있다. a) "곧, 곧바로"는 미래형과 어울리는 부사이며, 나머지 보기는 어울리지 않는다.

34 • 정답: c)
  • 해설: 앞선 문장에서 vence마트에는 다양한 웰빙음식들을 합리적인 가격에 구할 수 있다는 인터뷰 기사내용이 있다. 따라서 CEO 역시 누구나 구매할 수 있는 착한 가격(affordable)을 언급한 것이 어울리므로 정답은 c)를 고른다.

저자약력

최 진 혁

영어 통번역 석사
現 영단기어학원 강남캠퍼스 게임토익강사(주말반 1위 강좌)
前 시사영어학원 테스트와이즈 대표강사
前 동국대학교, 한성대학교 교내토익 강의

토익문법 기출패턴 20일 완성

2020년 5월 10일 초판 1쇄 인쇄
2020년 5월 15일 초판 1쇄 발행

지은이 최진혁
펴낸이 진욱상
펴낸곳 (주)백산출판사
교 정 편집부
본문디자인 구효숙
표지디자인 오정은

저자와의
합의하에
인지첩부
생략

등 록 2017년 5월 29일 제406-2017-000058호
주 소 경기도 파주시 회동길 370(백산빌딩 3층)
전 화 02-914-1621(代)
팩 스 031-955-9911
이메일 edit@ibaeksan.kr
홈페이지 www.ibaeksan.kr

ISBN 979-11-6567-065-8 13740
값 15,000원